당신에게 드리는 노래

청연 김승연
서울 출생
서울 홍인 초등학교 졸업
옥수 여자 중학교 졸업
명성여고 졸업

2002년 시창작 시작
2003년부터 시각장애인 시창작동호회 "별바라기" 회원으로 활동 중

당신에게 드리는 노래

발행일 • 2011년 11월 1일
지은이 • 김승연
발행인 • 이성모/발행처 • 도서출판 동인/등록 • 제1-1599호
주소 • 서울시 종로구 명륜동2가 아남주상복합아파트 118호
TEL • (02) 765-7145, 55/FAX • (02) 765-7165/E-mail • dongin60@chol.com
Homepage • donginbook.co.kr

ISBN   978-89-5506-485-8
정가   10,000원

※잘못 만들어진 책은 교환해드립니다.

• 월더니스 시선집 103

당신에게 드리는 노래

청연 김승연 시집

도서출판 ┃동인

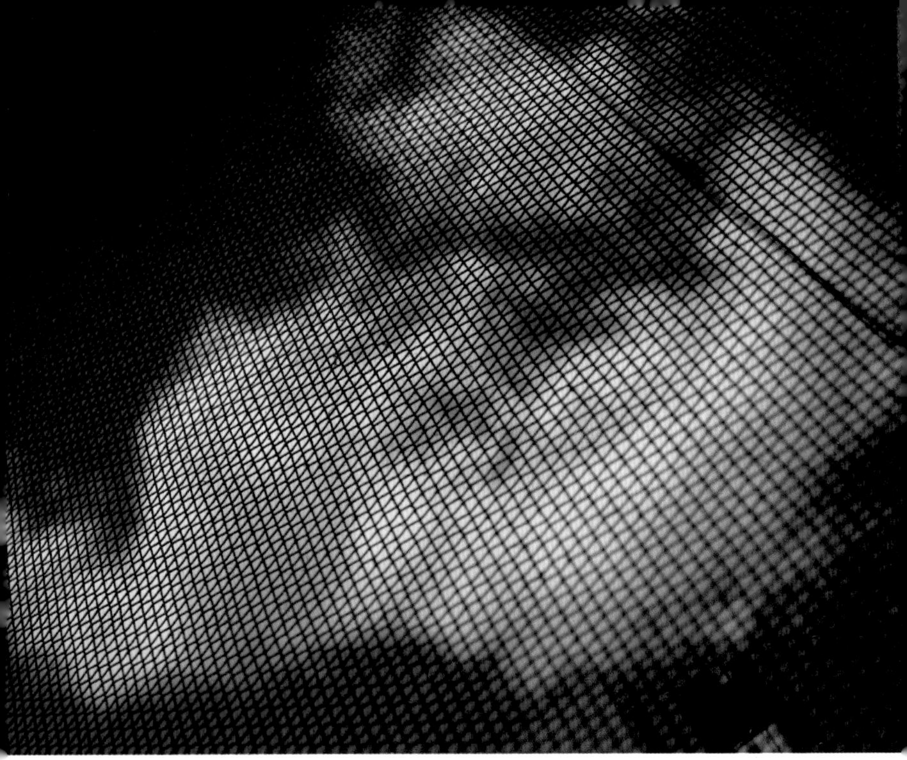

▲ 파란하늘의 지도

▼ 벼룩시장 하늘풍경

▲ 붉은 노을

▼ 보랏빛 노을

▲ 도시의 야경(반포 한강공원에서 바라본 남산타워 불빛)

▼ 동대문쇼핑 야경

▲ 하늘풍경_ 일출

▲ 하늘풍경_일출

▼ 하늘풍경_일출

▲도시 새벽풍경

▲흐린날의 하늘풍경_구름과 해

▼비오는 날의 하늘풍경_창경궁 구름, 날으는 새

▲ 촉각으로 보며 마음으로 찍은 빨간 장미

▲ 꽃과 하얀나비

▼ 우리 집 문밖 꽃_원추리꽃

▲ 엄마의 하루_감귤차 만드는 모습

▲내가 만든 엄마 얼굴

▼맑은 물속에 파란 손

▲ 어버이 사진(좌)
아우 사진(우)

엄마, 언니와 함께 ▶

엄마 팔순기념사진 ▶

자그마한 시집을 펴내면서

한참 재롱부릴 나이 3살 때
결핵성 뇌막염으로 암흑 속에서 울부짖다가
1년여 만에 겨우 한쪽에 희미한 광명을 되찾았다 한다.

시각장애인으로 비장애인들과 함께 여고를 졸업했고,
그 후 1989년 뒤늦게 한국시각장애인복지관에서 점자를 배우고,
2000년 성북시각장애인 복지관에서
음성 프로그램 가라사대가 출력되는 도스 컴퓨터를 배우면서
영원히 잊지 못할 추억과
그 누구에게도 털어 놓을 수 없는
마음의 응어리들을 저장하기 시작했다.

마음이 기쁠 땐 푸른 초원을 날아다니는 하얀 나비를 그리듯
소중한 추억 순간순간들을 한편의 시폭에 그렸고,

마음이 울적한 날은 눈물로 타이핑을 팅기면서
심한 염증에 시달리고 있는 마음의 상처들을 터트리면서
뜨거운 눈물방울로 양볼을 적시곤 했다.

이렇게 10여년 가까이 가슴 깊숙이 고여진
추억이 담긴 내 마음의 응어리들
이젠 쉼호흡을 하고파 발버둥 치는 소리가 들려온다.

나는 조심스럽게 아주 조심스럽게
문빗장을 빼 줄까 한다.

그동안 갇혀 있던 상처들
맑은 햇살을 쬐며 새살이 돋고 나면

지금까지 살아 온 날보다
짧게 늘어서서 마중하는 시간은

나의 밝은 모습과
새로 만난 즐거운 친구가 인도하는
신비로운 세상을 향해 셔터를 누르면서
밝게 웃는 모습으로 장식하고 싶다.

한편, 너무도 일찍이 가족들에게
빈자리를 남기고 간 그리운 아우와

나 어렸을 때 배를 타고 강을 건너
나그네 괴나리봇짐 되어
하얀 눈길을 걸어가 오랜만에 만나면

반가움에 포근히 안아
무릎에 앉혀 놓고
사랑스런 눈맞춤 속에서
도란도란 거렸던 아버지

이젠 얼굴도 까아만
기억 속으로 잊혀져 간
자상하셨던 아버지께

그리고, 한 평생을 오직 삼남매를 위해
희생하신 어머니

내가 쓰는 시의 주제가 되어주셨던 어머니께,
이 한 권의 시를 바칩니다.

어머니
여러 면에서 부족함이 많아
어머니께 기쁨을 선사한 날보다
어렸을 때는 병치레로 마음을 상하게 해 드리더니
장성하여서도 효도 한번 제대로 못 해 드려서
늘 죄송한 마음뿐입니다.
어머니 죄송합니다.
그리고, 감사 또 감사합니다.

이렇게나마, 내가 어머니께 한 권의 시집을 바치기까지는

2009년 동덕여대에서 "인문학으로 마음 열기"
강좌를 통해 만나 많은 도움을 주신
박정근 교수님과 연을 맺은 덕분입니다.
박정근 교수님께 다시 한번 감사드립니다.
나의 자그마한 시집을 읽기 위해
책장을 넘기고 계실 독자 여러분께도
감사의 말씀 드리고 싶습니다.
독자 여러분들께
이 자그마한 시집이 마음의 양식을 쌓는데
조금이나마 보탬이 되어 드릴 수 있다면
저에겐 더 없는 기쁨으로 간직하게 될 것입니다.
대단히 감사합니다.

2011년 8월 27일
김승연 드림

차례

1부_ 나의 노래

<파란하늘과 흰 구름>

나 그대 사랑하려 하여도

작곡 : 이종원
작사 : 김승연

나 그 대 사랑하려하여 도 내 마음의문열리
지않고 내 몸 따 라 가 지않으며 나의모습
감추려 드 니 나 는그 대 사 랑하며

마음 기대고 싶어 도
내 마음 내 마음
나 도 어찌할수 없으니
나
그대 사랑하려하여 도 내 마음 의문 열릴 줄 오르네

사랑의 선물

소리 잡지를 듣고
아프리카 아가들에게
사랑의 모자 보내주기 캠페인에
나도 참여하고파 X신청했고

유난히 아기들을 예뻐하는
나는
귀여운 아가들이 내가 만든 모자를 쓰고
건강하게 자라나길 바라는 마음으로
모자를 뜨개질 했다

완성품을 풀기를 여러 차례 한끝에 코가 빠지지 않게
　　떴지만

약한 시력엔 별 수 없이
코가 결국은 빠진 곳이 있었다
난 그 부분에 학창 시절
재봉 시간을 회상하며

하트모양을 그리듯 수를 놓아 감추어
아프리카 아가에게 보냈다

불씨

누군가
내 이름을 불러 준다면

나는
세찬 눈보라가 휘날리는 겨울날의
따스한 모닥불이 되고 싶다

당신의 쓸쓸한 마음을
따사로이 감싸줄
불씨를 피우고 싶다

그리움

양, 한방 치료를 겸하던 의사선생님
광명을 되찾아 주신 은혜 보답 하고파도
대접할 새 없이 흐른 세월은 그리움일 뿐

사진

사진 교실을 시작하면서
파아란 도화지의 흰 구름과 붉게 물든 석양보다
먹구름을 이고 있는 붉은 노을과 회색빛 사이로 내미
　는 황혼의 빛이 더없이 멋있어
내 마음을 끌어당기니
별 볼일 없이 하늘을 우러러 올려다보는 습관이 생겼다

그것도, 자그마한 창틀 너머로 고개를 갸우뚱거리며
"나의 사진" 하늘 풍경에 셔터를 누르게 한다

한편, 엄마의 하루, 친구의 모습 등을 편집하면서
뇌리를 스치는 소재로 한 편의 시폭에 그리기도 했다

훗날, 내 꿈이 현실화 되는 날
편집한 사진과 내가 쓴 시를
나란히 펼쳐 보이고 싶다

가을 나무

강렬한 불볕 아래
듬직한 품에 안긴
올망졸망
작은 얼굴 큰 얼굴들

자연의 부채질로
농부의 그을린 땀방울 씻어주며
새 찬을 펼쳐 놓고

웃음꽃 출렁이는 잔이 오가는
사랑이 넘치는 음지를 만들어 주고

갈바람 결에 서서히 얇아지는
옷깃을 매만지며
발그레 농익은 홍시감
까치밥 남기고 나서

화려한 복장으로 갈아입고
먼-여행길 떠나간다

아빠 엄마는 지리산 설악산으로

언니 오빠는 경희궁 서울 숲으로
은행잎 단풍잎 타고
울긋불긋 웃으며 떠나는데

올망졸망 귀염둥이들은
힘없이 날아
공원 벤치에 내려앉으면

까르르 웃음이 스며든
책갈피에 가뿐이 얼굴을 숨기고
자연의 숨결과 체취를 풍겨주며

한 해 끝자락 앞에서
풍성한 수확을 나눠 주면서
자비로이 베푸는 자연의 신처럼

굶주린 이웃 위해 마련될
자선남비 속을
가득 가득 채워 주길....

내 마음의 문

나 그대 사랑하려 하여도
내 마음의 문 열리지 않고

내 몸 따라가려 하지 않으며
나의 모습 감추려 드니

나는 그대 사랑하며
마음 기대고 싶어도

내 마음 나도 어찌 할 수 없으니
나 그대 사랑하려 하여도
내 마음의 문 열릴 줄 모르네

노래 속 인생

회색빛 구름이 우르르 몰려들어
내 마음 흐려 놓았으니

우울한 기분에 서러워져서
구슬픈 노랫가락
저절로 입가에 맴돌아

이 내 마음 더더욱 서러워져서
노래마저 더없이 슬퍼지며

바다와 일란성 쌍둥이인양
새파란 하늘 바라보니
내 마음은 푸르른 잔디 위를 달리고

입가에선 흥겨운 가락 절로 흥얼흥얼
땅 딛은 신창은 어느새 하나 둘 셋 넷

쿵짝쿵짝 빠른 리듬 타고
정신없이 비벼대더니
로켓트에 몸 싣고 우주를 돌듯
물구나무 돌리며

목성 화성 금성
은하수 여행 마치고 나자
송글송글 솟아나는 물보라 속으로
흙탕에 가득 찬 탐 진 치
훨훨 날아가고

내 마음 그 사이 텅 비어져
이 세상 모든 것이
그저 순수하고 티없이 맑아 보여
이 내 마음 또한 청정해지네

동그란 눈 납작한 눈

너는 동그란 두 눈으로 뭔가를 바라보지만
나는 뭔가 보고파질 때
납작 엎드린 한 눈으로 마주쳐야 하고

너는 두 눈을 크게 뜨고
어디든 찾아가지만
나는
길고 하얀 눈이 가리키는 대로 뒤따라가며

너의 눈은
님에게 조용히 속삭이며
사랑의 마음 전하지만

하얀 빛을 내는
날씬한 나의 눈은

네 발자욱 소리와 함께
산과 강 마주칠 적마다
색다른 가락으로 나를 인도하고

이별의 아픔 날아오던 날

너의 두 눈은
믿을 수 없는 듯 안개 속에 촉촉해졌지

읽고 또 읽으며 눈물
짓지만

납작 엎드린 가냘픈 나의 눈은
정겨웠던 지난날의 추억 되새기듯

한 자 한 자 사랑으로 감싸 안으며
조용히 흐르는 흔적 없는 눈물로
그대 얼굴 그리며 아픈 마음 달랬다

두 개의 눈과 하나의 귀

나는 두 개의 눈을 가졌지
하나는 사물을 바로 관찰할 수 있는 눈이며

또 하나의 눈은
사랑스런 님의 얼굴을 만져주듯
포근한 엄마의 젖가슴을 더듬듯
보드라운 손빛으로 만져보는
손끝 눈이 있지

나는 아름다운 새들의 화음소리며
다정하게 나를 부르는
님의 감미로운 목소리를 들을 수 있는
소리의 집을 하나 가졌지

그런데
언제부터인지는 알 수 없지만
소리의 집이 낡아 허물어지려 하니
맑은 소리샘을 찾으라며
내게 소리의 집이 노크해댄다

아름다운 자연의 숨결

다정한 님이 부르는 꾀꼬리 화음을
들을 수 있는 소리의 집이 아닌

마음의 창 너머로 들을 수 있는
아름다운 율동이 솟아나는 소리샘을
어서 찾으라며

나의 하나 뿐인 소리의 집은
서글프게 날마다 밤마다 노크해댄다

막다른 골목 길

온화한 어머니의 숨결 곁에서
파아란 동심의 꿈 꽃 피우던
황금빛 물결 찾아 떠나는 행렬을 바라보며
부러움 속에서 나만의 행복을 느낀다

논길 따라 굽이굽이 돌아 등교하듯
꼬불꼬불 골목 손꼽으며 등교했고
땡볕 속에 출렁이는 냇가에 앉아
퐁당퐁당 여울 만들며 놀듯

흙탕물이 불어주는 휘파람도
삼복더위엔 무공해 에어컨이었기에
막다른 골목길 별 반짝이면
군용침대 돗자리에 웃음꽃 피어났었는데

도시 환경 개발 등살에
별밤에 들려오던 휘파람 소리는
암흑 속에 숨죽이고 일직선 만들어

꼬마야 꼬마야 땅 짚으며 줄을 넘고
고향의 봄 메아리에 치맛자락 펄럭이던

뱅 뱅 굽이친 길
넉넉한 여유를 뽐내지만
곧은 길 좋아 낯설기만 하네

막다른 골목 끝 집 말코와
우물가 주정뱅이 딸 재훈이
삼총사는 단짝 되어 웃고 울었는데

세월의 강산 절반이나 지나도록
어미 품을 떠나지 못하는 제비처럼
생가에 존재하고 있지만

곧다란 길로 빠르게 지나면서
어스름 깔리면 굽이친 길 향해 부르던
어머니들의 소리가 들리는 듯 하고

땡볕 속에 달구어진 소방도로 위를 달리는
검은 매연을 바라보는 시선엔
아슬아슬하게 범람하는 물결이 춤추며
탐스런 달빛 사이로 날아오는
시원한 물바람에 열대야를 식혔던
막다른 골목길이 그리워진다

빗속의 눈물

주룩주룩 내리는 봄비는 누구의 눈물일까
지난겨울 긴 긴 밤 홀로 쓸쓸히 지내며
삼켜야 했던 외로운 여인의 눈물이요

땡볕 속에 내려주던 굵은 빗방울
거센 바람 몰고 날리는 억센 장대비는
누구의 눈물일까

젊은 시절 부풀었던 꿈 펼쳐보지도 못한 채
떠나 간 청춘들의 한 맺힌 눈물이기에
흘러도 흘러도 끝이 없고
고이고 고여서 넘쳐 흘려도 그칠 줄 모르네

곱게 물든 낙엽 사이로
부슬부슬 내려앉는 가을비는
누구의 눈물일까...

영원한 사랑

사랑은 누구나 할 수 있으나
아무나 할 수는 없는 것이며

내 마음 따라 끌리는 대로
할 수 있는 것도 아니요

나 혼자만이 사랑한다 하여
이루어지지 않는 것도 사랑이지만

나 홀로 영원토록
사랑할 수 있는 사람

나를 낳으시고 키워주신
나의 부모님
나의 어버이 뿐이네

인생은 외로운 산

자갈밭 지나서 징검다리 건너면
말없이 펼쳐있는 자그마한 오솔길
나를 반긴다

오솔길 너무도 고요해
님 찾아 걷는 길 너무 무서워

솔밭 그늘 아래 넋 나간 듯 주저앉아
먼 하늘 바라보니
얼굴 반짝이며 어서 오라 손짓하네

한 고개 넘어서니 우거진 숲 너울너울
시원한 입김에 다시금 가슴 속 트인 듯하여
내일을 향한 행진 첫발을 내밀고

숲을 벗어나니 큰 얼굴 나를 기다리고
샛길을 따라 얼굴에 비벼대며 깍지걸음 걸으니
작은 얼굴 큰 얼굴 이리저리 부둥켜 엉클어져
이내 발자욱 동행자 아쉬워지지만
나 홀로 찾아온 길
어느 누가 알까하네

춤추는 파도

자연의 웃어른 태양 활짝 웃어 보이며
발그레한 얼굴 드러내는 수평선을

무대의 배경으로 꾸며놓고
잔잔히 들려오는 푸른 악단 연주에 맞춰

백조의 호수 발레리나
은빛 무대에 막을 올린다

발레리나 우아하게
일막 무대에 올리고 사라지자

뒤이어 이막 발레리나
잔잔히 흐르는 연주곡 타고
백조 나르는 모습
은빛 무대에 펼쳐주네

백조의 호수 연주곡
너무도 아름답게 들려와

금빛 관객들

백조의 호수 발레 감상하다가

흐르는 연주곡 맞추어
하나 둘 은빛 무대 위로 올라가
삼막의 발레리나로 등장하여

부드럽게 들려오는 연주곡에 빠져서
백조가 된 듯

하얀 무대 의상차려 입고
발레리나 꿈을 펼쳐 보인다

탈춤

덩실덩실 얼쑤얼쑤
우리 한번 놀아보자

여인네는 남정네 탈을 쓰고
상것들은 양반탈로 벼슬 높여

양반대감 흉내 내며
마음 놓고 호령하네

어험 곰방대 빨아 물고
양반마님 흉내 내니
양반이 뭐 별거더냐

얼쑤얼쑤 덩실덩실
오늘은 내가 양반이니
니들 내 명을 받들라 하네

가을의 바다

알록달록 치마폭 생글생글 펄럭이며
파아란 춤 덩실덩실
선들바람 틈새로 따가움 벗어나고파
황금물결 향해 온 설렘을 맞이하여
세월의 막다른 길목 아쉬워
붉다 못해 푸르른 가락 연주 맞춰
설움에 복바친 리듬으로
맥 풀린 어깨 너울거리며
희뿌옇고 뿌연 미련에 뒤섞인
쓸쓸한 마음을 수평선 향해 휘날린다

거울도 안 보는 여자 (1)

열대야가 뽐내는 7월의 밤
내 마음 설레게 하는 날
마음의 창
막은 내려졌지만

우리도 여인이기에
탐욕과 번뇌로 가득 찬
마음을 닦아내듯
꼼꼼히 마사지하고 나서

뽀얀 엄마 뺨 찍어놓은
양 볼엔
모자 벗은 검은 수염으로
붉은 키스를 하고

아빠 닮은 반달눈썹은
눈사람 얼굴에 그리듯
엄지 검지로 쓰다듬으면서
선을 그리고
윤곽을 펴 주어 돋보이게 드러내고

귀여운 앵두빛 입술은
살짝 굽은 솜방망이가 빨간 물을 품고 나와
등으론 윗입술에
배꼽으로는 아랫입술을
슬며시 문지르고 부벼대니

발그레 윤을 내며
화려한 조명 아래서
사랑을 포옹하고파 한다

거울도 안 보는 여자 (2)

열대야가 뽐내는 7월의 밤
내 마음 설레게 하는 날
마음의 창은
어둠 속에 막을 내려졌지만

탐욕과 번뇌로 가득 찬
마음을 닦아내듯 문지르고
아름다운 선율을 연주하듯 두드리며
꼼꼼히 마사지 하고나서

뽀얀 엄마 뺨 빼닮은
양 볼엔
모자 벗은 검은 수염이
부드러운 감촉으로
살짝 간지럼 피며 붉은 연지 찍고

아빠 닮은 반달눈썹은
눈사람 얼굴에 그리듯
엄지 검지 따라 쓰다듬으면서
라인을 그려 윤곽을 돋보이게 하고

아기처럼 귀여운 앵두빛 입술은
허리 굽은 솜방망이 빨간 물을 품고 나와
등으론 윗입술에
배꼽으로는 아랫입술을
슬며시 입 맞추며 부벼대니

감미로운 실내악이 흐르는
찬란한 불빛 아래
화사한 옷을 입은 천사가 되고
웨딩마치를 울릴 신부가 되어

행복한 미소를 지으며
사랑의 눈빛으로 지켜봐 준
그대에게 다가가
빙그레 미소 띤 보드라운 입가에
파르르 떨리는 앵두빛으로 포옹하며 안기고 싶다

관람실

마음 쓸쓸한 주말엔
한 편의 유쾌한 영화 관람하며 기분 달래고

무더운 폭염을 피해
푸른 산과 해변가를 거닐며
땡볕 속에 파아란 물결 안고
너울거리는 인파 속에서
수평선 너머 붉은 노을 바라보며
나만의 지침이 아님을 확인하고

울긋불긋 옷 갈아입고
갈바람 따라 세월의 끝자락
당기는대로 덩달아 가
신선한 가을빛으로 시선과 두뇌는
즐겁게 하지만
가고 싶지도 보고 싶지 않은 현장

그러나
동행할 수 없는 여행 떠나는 날

뜨거운 이슬 볼을 적시며

두려움 속에 바위에 짓눌려 심장이 멈춤 속에서
사랑했던 핏줄
사라지는 순간들을
어둠 속 자그마한 창 너머의 관람실은

세월의 약 치료 될 동안은
꿈속의 만남을 기다리며
생전에 좋아했던 것들을 볼 적마다
슬프디 슬픈 노래를 속으로 삼키게 한다

생명의 은인

황금빛 들판 맨 모습 들어 낸
늦가을 동녘이 트기 전에
천사들의 운동장 휩쓸며 놀고파

아장아장 삐뚱삐뚱 달리다가
아득한 벼랑 끝자락 돌부리에 걸려
바람결에 날아가듯
깊고 깊은 수렁 속으로 추락하여

아픈 상처 어루만져 주던
님의 손끝 그리워
두 발 동동거리며 눈망울을 젖히고

자비로운 눈빛으로 보살펴주던 님의 얼굴 보고파
네 발로
허공을 저으며 메아리 칠 때

신비의 약 부리에 품고
은하수 건너 날아 온
새 한 마리가
사랑의 기를 불어넣어 줘

동굴 속 세상에 반딧불 스며들듯
희미하게 희미하게
잃었던 광명
서서히 서서히 찾아와

울적했던 회색빛 마음
노오란 옷 갈아입고

동글동글 뽀얀 얼굴
초롱초롱 빛나는 눈망울로
고요해진 까아만 세상 바라보며
환한 미소를 그린다

설레임이 한 효도

첫 날엔 설레임 속에서
어머니의 인내심만큼 쫄깃쫄깃한 빵이 기쁨을 주었고

매주 화요일은
나보다 어머님이 기다리는 날이 되었으며

빵을 좋아하시는 어머니께
매주 색다른 맛을 보여 드릴 수 있어서
나를 또한 행복하게 해 주었고

1개월이 지나자
둥글리기가 조금 익숙해진 듯
나에게 또 하나의 자신감이 웃음을 선사하며
제빵사의 꿈에 도전해 보라하네

시를 쓰는 마음

시를 쓴다는 것은
나의 과거를 회상케 하며

즐거웠던 날들은
이 순간도 그 현장으로 달려가

기쁨을 만끽하고
잊지 못할 순간의 자리로 되돌아가
마음을 다시금 설레게 해주며

영원한 이별을 실은
검은 띠를 두른 백차를 타던 날을 회상하며
쓰라린 마음의 이슬방울을 타이핑하는 날은

의좋게 즐거운 추억을 만들던 날보다
배려하는 마음 뒷전에 숨기고

미간을 찌푸리며 다투어
침묵의 시간 속에서
눈물짓던 기억들이 눈앞에 아롱거려
내 설움에 뒤섞여 복받쳐 울게 되고

인생의 후반기에 내려선 지금
내 인생에도 무엇인지 꿈이 있던 것 같아

자그마한 하트 안에 개나리 꽃잎을 깔고
과거의 슬픔과 기쁨
그리고 미래의 소망과 현제의 만족감을
소록소록 듬뿍 담아
부드러운 입김으로 사르르 날리고 싶어 한다

자비로운 얼굴

인간들은 나를 좋아한다
새댁이 꿈속에서 나를 안으면
태몽을 꾸었다고 좋아하고

날품 파는 아저씨 꿈길에서 나를 만나면
행운이 온다며 로또복권 긁기에 두 눈 휘둥그레졌다가
허탈한 마음 달래려 불판에 내 몸을 꼬슬리느라 정신
    없다

앙증맞은 아이들은 고사리 손으로 나의 빈속을 채워
    주려고
날마다 동전을 넣어주며 나와 친해지면서
꿀꿀이라는 동물을 제일 먼저 알게된다

예전엔 흔히 우람한 사내아이들은 돼지라는 별명을
    가졌었는데
요즘 신세대 엄마들은 미간을 찌푸리며 싫어할 것이다
비만을 뜻하는 말이기 때문에 싫어할 수밖에

그러나
나도 어렸을 땐 탐스럽고 예쁜 몸이었다

하지만 인간들이 뚱뚱해지길 원하며 사료를 먹이고
그것도 모자라서 한약제로 영양보충까지 시킨다

포동포동 살이 올랐다 싶으면
융자금 학자금 마련을 위해 장에 내다 판다

도살장에 끌려가는 이 마음
인간이 원망스럽고
태어난 것이 원망스러워 닭똥 같은 눈물을 흘리며
트럭에 갇혀 떠나간다

한 생명으로 태어나 죽어서도
인간을 위해 희생한다
메뉴별로 몸통은 분리되어도
내 얼굴은 두 귀를 쫑긋 세우고
좌판 위에서 언제나 너그러이 환한 미소를 짓고 있다

그러면 인간들은 내 입에 파란 욕망을 물려주며
내 입을 막는다
부자 되게 해 달라고
내 입이 터지도록 물리고 또 물려준다

인간들아 그것은 욕심이다
탐욕에서 벗어나라
그리하여 나처럼 너그러워져라

눈빛으로 말하렵니다

나는 눈빛으로 말하렵니다
괴로울 땐 흐린 눈빛으로
즐거울 땐 빛나는 눈빛으로
외로울 땐 사랑 찾는 눈빛으로 바라보며
당신의 눈빛 속에 내 마음 전하렵니다

나는 눈빛으로 말하렵니다
당신의 사랑 그리워질 때
내 눈빛은 말합니다
당신의 따뜻한 품안이 그립다고

마음의 신호등

산들바람 타고 너울너울 춤추는
고운 물결들
한잎 두잎 날아와 뒹구는 계절

내 마음은 녹색 불
어디론가 떠나고 싶어져
산으로 갈까 바다로 갈까
서쪽이 좋을까 동쪽이 나을까

내 마음은 노란 불
갈 곳 몰라 헤매는 맘 달래려고
두 눈 지그시 감고 명상에 들면

뒤엉켰던 신호 서서히 풀려
들떴던 마음 잔잔해져 오면
내 마음은 또 다시 빨간 불
백색 행단보도 앞에서 멈춘다네

모발

나는 너와 함께 태어난 솜털이었지
너의 앙증맞은 모습은 어여뻐하면서
힘없는 내 모습 서럽게도 미워하며
풍성함을 원하는 너의 모성은
인정없이 힘없는 나를 밭갈이 하고

성숙해진 너의 이목구비 돋보이고파
살금살금 조용히 고개 드는 나의 모습
성장하기 무섭게 하얀 악어 앞에 데려가

잘리고 씹히고 솎아 먹히고 나서
불을 물은 고래 입에 물려져
낼름낼름 당기고 꿈틀꿈틀 말려 들어가
고문당하고 나면

등골은 돌돌 말고 구부정하게 휘어져
온몸은 맥 풀린 인사불성 되어

너는 거울 속에 비친 내 몰골이
맘에 드는지
휘청거리는 꼬부랑 망태를 쓰다듬고 어루만지며

그네를 태웠다가 꽃밭에 앉히더니

깜빡 잊었던 듯
오늘은 금빛 옷을 입혀 놓고
서양미인 됐다고 윙크하며 미소 짓고

붉은 옷 입혀 주었을 땐
119 전망대 나를 끄려 화재경보 울리고

은빛 옷 입혀주어 나들이 나가면
지하철 경로석 가리키며 내게 앉으라 하지

세월의 흐름 속에 삶의 고난 짊어져
내 몸에 무서리 내리기 시작하면
너는 더더욱 내가 미워져서
나를 끌어내 세상에서 추방시키고
내 몸에 쉴 새 없이 색색 옷을 입혀

물 따라 가는 세월의 흔적 막을 순 없어
너의 이목구비는 숨김없이 지글거리는데
너는 나의 몸에 화려한 치장으로
세월의 흐름을 역류케 하려 하지

버팀목 구령

하나 둘 셋 넷
한결같이 구령에 맞춰 행진하듯
지하철 플랫폼과 버스 정류장
그리고 택시 정거장에서 하루 일을 시작한다

둘이서 나란히 구령에 맞춰 행진할 땐
하나 둘 하나 둘 뒷굽 소리도 정겹게 들리는데

조바심 재촉질에 단독 캥거루 널뛰기 하다가
뜻밖에 푸른 장화 신고 낯선 버팀목에 의지해
하나 둘 셋 넷 구령에 맞추려니
낯선 버팀목이 먼저 나서고

푸른 장화 뒤 따라 구령에 맞추려 하니
버팀목에 의지한 몸 중심을 잃을 듯 휘청거린다

그래
검은 운동화가 버팀목 구령에 맞춰 먼저 나서면
푸른 장화 뒤 따라 롤러스케이트 연습하듯 무겁게 미
  끄러지며 신창을 끌어

온전한 검은 운동화에 힘이 가해져 구령이 흐트러져
    버린다

푸른 장화를 벗던 날
양쪽 버팀목 쌍나팔 불듯 구령하면
좌측 버팀목 구령에 좌측 운동화 발을 내딛고
우측 버팀목 구령에 맞춰 우축 운동화 힘없이 행진을
    시작한다

 시/작/노/트

2003년 9월 3일 오전에 이비인후과에 다녀온 오후 갑자
기 혀가 아파왔다. 그래 퇴근 시간이 다 되어 가고 다음
날은 휴진이라 했기에 5시까지 가야한다는 조급한 마음으
로 지하철을 타기 위해 계단을 내려가다가 오른발을 내딛
는 순간 그만 발이 외축으로 꺾기고 말았다. 더러 그런 일
이 있기에 타박상이거니 하고 그냥 지내다가 5일 이비인
후과 선생님이 보시고는 x레이를 찍어보라 하기에 집에
오는 길에 제민 외과로 가서 엑스레이를 찍어 보니 발가

70

락뼈가 골절됐다고 기브스를 해야 한다며 부목으로 받치고 붕대를 감고 목발을 짚으라고 했다. 그런데 주사약이 없다며 매일 주사 맞으러 병원에 오라는 거였다. 그래서 다음 날 6일 이비인후과에 갔다 오는 길에 다시 반도정형외과로 가서 다시 x레이를 찍고 기브스를 다시 하고 주사를 맞고 처방전을 주며 한달 후에 오라고 했다. 기브스를 한 몸으로 이비인후과를 다니며 답답한 나날을 보내야 했고 10월 6일 반도 정형외과에 갔다 잘 아물어주기를 바라며 기브스를 전기톱으로 자르고 속에 거즈는 가위로 자른 후 또 x레이를 찍었다. 의사는 컴퓨터모니터에 나타난 나의 족지를 보더니 아직 덜 아물었다고 했다. 그래 다시 기브스를 또 해야 하느냐고 묻자 보호대로 움직일 때는 꼭 묶고 잘 때만 풀러야 하며 오늘부터 열흘 동안 물리치료를 하라고 했다. 그 후 매일 물리치료를 받기 위해 택시로 통원를 해야 했고 10일 동안 적외선치료와 저주파 치료 그리고 초음파치료를 한 후 10일째 되던 날 다시 x레이를 찍으니 붙었다며 그래도 움직일 때는 꼭 묶고 목발을 짚고 서서히 다녀야 한다고 했다. 우리 인체 어느 곳 하나 소중하지 않은 곳은 없지만 다리가 불편한 것 정말 마음을 암흑 속에 가두는 것이었다. 그래도 나는 시력만 좋다면 요즘은 전동휠체어가 있으니 장애인 중에 제일 답답한 사람은 어둠속에서 살며 아내 얼굴이며 자녀 얼굴을 모르고 살아가야 하는 시각장애인들이라고 생각한다.

(2003년 10월 19일 일요일 오전 0시 57분에)

새순의 숨결

겨울과 봄의 문턱에서
동녘 향해 고드름 몸을 감추고
남쪽나라 꽃 소식 날아오면
새싹들의 마음을 설레게 하며

봄을 기다리는 청춘과 겨울잠에서 깨어난
얼음장 흐르는 소리가
서서히 메아리쳐 오는 순간들이다

새 소망과 새 각오를 품에 안고
푸른 들판 향해 날개를 펼치려 한다

소리 없는 세상

소리 없는 세상은
나를 외롭게 하고
내 곁에 있는 것들이 쓸쓸하게 하며
나를 슬프게 하네

푸르른 천공에서 마음껏 자유를 펼치는
아름다운 새들의 노래 소리와
사랑이 오가는 정겨운 음률과 함께 하는 순간은
언제나 행복이 넘치는 소리며
이 마음 또한 행복으로 가득 차오르지만

소리 없는 세상은
나를 두려움 속에 잠기게 하여
마음을 적막한 어둠 속에 가두려 하니

소리 없는 세상은
기쁨도 즐거움도
나를 떠나게 하네

역할 바뀌는 날

매월 넷째 금요일은
역할 바뀌는 날

아내는 지옥철에 떠밀려
직장 상사 눈치 살피며 스트레스 받고

남편은
온갖 오염물질 뒤집어 쓴 껍데기들
대중탕에 몰아넣고 물세례 주고
거북코 썰매 태워 심부름 시키고 나서
숙제 해라 학원 가라
해라 해라 잔소리 흉내 내다가

끓이고 무치고 지지고 볶아 놓고서
겸상해 줄 사람 눈 빠지게 기다리는데

상사에게 열 받은 아내
출렁출렁 도깨비와 어울려 놀다가
인사불성으로 자정 넘어 들어오니

기다림에 지친 남편

왕눈 크게 부릅뜨다가
집안일 많은데다
이제나 저제나 기다림이란 애간장 녹인다며
미안한 마음에 멋쩍게 씩- 웃어 보이자

스트레스 속에서 살아가는 답답함 풀고저
한잔 꺽는 심경 이제 알 것 같다며
풀밭 같은 가슴에 사랑으로 마주친다

매월 넷째 금요일은 역할 바뀌는 날
남편은 집에서 아내는 직장에서
상대 입장 되어 일하는 날

시/작/노/트

9월 7일 토요일에 경복궁에 가서 민속 한마당 공연을 관
람했다. 공연 내용은 김근희의 춤으로서 고전 무용과 사물
놀이로 꾸며졌다. 그중 네 번째는 작은 꼭두각시 춤이었는
데 앞면은 여자 얼굴이고 뒷면은 남자 얼굴인 탈을 쓰고

남자가 되었다 여자로 변했다 하며 꼭두각시 춤을 추는
작품이었다. 그 작품을 보고 나서 한 번 쯤은 남녀 역할을
바꿔서 하루를 지내보는 것도 괜찮을 것이란 생각을 하며
이 시를 썼다. (2002년 9월 9일 일요일)

우리 어디서 다시 만날까

우리 전생에서 첫 만남 이루어
피와 살을 나누어 부모 형제 이루고

즐거움도 슬픔도 함께 나눌 수 있는
내 속마음 들어낼 수 있는 친구로 만나며

내 마음 답답할 때
나를 달래 줄 수 있는 단짝 친구 되어 만나서

험한 세상살이 헤쳐 가며 많은 꿈 펼치다가
이승과 이별하여 자연으로 되돌아가면

혈육을 나눈 부모 형제
내생에서 다시 만나 영원한 행복 누리고

기쁨도 슬픔도 함께 한 친구들
내 아픔 달래주던 친구들

햇님 되어 다시 만나
찬란한 금빛 반짝이며
웃음 꽃 피우고

별님 달님 되어 만나
답답해진 세상 밝혀주며
맑은 하늘 바라보는 자연들에게
희망찬 내일 환히 비춰 주네

추석

높푸른 하늘 노을 붉게 타오르는
한가위 전야

집안엔 맛난 내음 가득 풍겨
코끝을 자극하고

달빛 아래 도란도란 둘러앉아
익반죽 새알 둥글둥글
온달 빈 가슴 속에

결실 거둔 오곡 앙금
듬뿍듬뿍 채워 만든 예쁜 반달

파아란 솔잎새에 채채로 앉히면
향긋한 솔내음 모락모락 피어올라

하얀 반달 푸른 반달 황금반달 다홍반달
얼굴 내밀고 인사하네
올해도 대풍년이라고

내 마음 아시는 주

푸른 천공 두둥실 떠가는
꽃구름 바라보며
마음 울적해질 때

내 마음 아시는 주
부드러운 음성으로 다독거려 주시고
붉은 노을 뒤따라
금빛 찬란한 여름 밤

이 마음 외로워하면
다정한 벗으로
살며시 다가와 감싸주시며

낯선 타향살이 의지할 곳 없어
방황하며 두려워할 때
내 마음 아시는 주
자비로운 모습으로 내 곁에 오시어
따스한 품속에 안아 주시니

아— 반가움에
당신 앞에서 이슬이 맺히고

고마움에
당신께 눈물로 아뢰옵니다

험난한 이 세상
어찌 헤쳐가야 하는지
내 마음 아시는 주
나의 바른 길 인도하여 주시네

물레바퀴

인간의 능력은 무한한 것...
갈고 닦을수록 무한한 것...
구르다 멈춰서 버리면
더 이상 구르지 못하는 물레바퀴처럼

오늘도 내일도 부지런히 구르도록
회전을 멈추지 말아야겠지
오늘과 내일... 그리고 미래를 위해
멈추지 말고 돌려야 하리

세월의 끝자락

희망찬 세상 만난
아장아장 귀염둥이
세월의 끝자락
방글방글 웃으며 대응하고

갈바람에 휘날리는 낙엽사이로
꿈을 펼치는 파룻파룻 사춘기
세월의 끝자락
까르르 까르르
환한 미소로 반기며

알콩달콩 한 쌍의 원앙
세곤세곤 초성
둥글둥글 변하는 모습에서
세월의 끝자락
즐거운 마음으로 맞이하며

밭고랑 깊게 패인
인생의 무게 짊어진 어버이
바람 따라 물결처럼
사라져간 허탈감에

세월의 끝자락
몰려드는 먹구름 속에서 맞이한다

시차

어린 시절 토닥토닥 거리면서
단란했던 가족의 울타리가 그리워
하얀 꽃구름 헤치며 날아와 맞이한
캘리포니아의 강렬한 햇님

동녘 저편 일출봉이 밝았다며
단잠을 깨우지만
일과에 지친 묵직해진 안근

월출봉 달문이 닫혔다며
꿈길 여행 하다가
꼬로록 꼬로록 보채는 소리에

부시시 햄버거로
허기를 채우고
살살 달래고 나서
새벽녘 향한 마음의 창
사르르 문을 닫는다
사르르 문을 닫는다

우리들은

우리들은
따스한 내 고향 품처럼
정겨워지길 원하며

정겨움 호연의 매듭지으며
우리들의 마음
깊숙이 뚫린 허공 메워 주듯
포근한 우정 하나 되어
서로의 촉촉한 앙금 가려주네

눈 맞춤

따가운 햇살 틈새 부는 바람
앙증맞은 탄생을 축하하듯
조석으론 신선한 노래를 불러주건만

저항력 없는 천사들은
태반을 마냥 그리워하며
실오라기 걸친 품에 안겨
가냘픈 눈망울 그렁그렁 거린다

방글방글 옹알옹알
계룡 꽃봉우리 피어나기도 전에
자그마한 몸은
축하 선물로 받은 숨 가쁜 소리
폐렴과 투병 끝에
사랑하는 엄마와
싸늘한 이별의 눈 맞춤을 한다

천사에게 보내는 편지

안개 속을 걷듯
조심스레 한 코 한 코 걸어 만들며
귀여운 천사들의 탄생 축하 해주고

한 단 두 단 떠올라 가며
예쁜 아가 얼굴 그려 본다

험난한 세상에 태어났기에
아가들은
첫 울음이 우렁차다지만
사랑이 가득 차 있음을 잊지 말고

흐릿한 빛 아래 완성된
이 모자가
너에게 온화한 정성으로 감싸 주길...

의자

어느 곳에 있든 내 것이 될 수도 있고
타인의 것이 되기도 한다

땀 흘린 보람 앞엔 명예가 따르고
한순간에 모든 것 내 것인 듯
온 몸에 힘을 주게 하고

황금의 자리 되기까지
나를 숨 가쁘게 밀고 당기며

때로는 포근한 안식처가 돼 주어
내 마음 다독거려 주며
인생의 비탈길 빙글빙글 회전한다

빗방울

아지랑이 아롱이는 햇살 아래
메마른 풀잎에게 소리 죽여 내리는
이슬비 한 방울은
생명의 끈이며

황사가 휘날리는 사막과
가뭄에 까맣게 그을린
마음을 울려주는
소나기는
반가운 손님이지만

불운을 선사하러
연중행사처럼 찾아오는
불청객은

생명의 매듭을 끊으며
의식주 악마 춤에 싣고 사라져
고마움은 미움이요
반가움은 두려움 되어

따갑게 내려쬐던

햇님의 입김 그리워져
주룩주룩 흐느끼는
한 방울의 빗물은

우리에게
기쁨의 눈물이요
원망의 눈물이 된다

마술의 풍광

푸르른 들판 사이로 펼쳐진
드높은 광장

파도가 출렁이는 바다를 그렸다가
잔잔히 흐르는 물결 위로
발갛게 부픈 얼굴 내밀면서
기지개를 펴며 일출봉에 오르고

화창한 봄 햇살 사이로
라일락 향기 휘날리면
어버이 가슴에 달아 줄

둥실둥실 꽃구름
카네이션 한아름 피어
마술을 부리며 내 마음을
즐겁게 하고

회색빛으로 뒤덮인 8월의 오후
울적한 내 심경을 달래주듯
먹구름 새로 밝은 얼굴
빼꼼히 내밀며

나의 입가에 미소를 짓게 하고

하얀 귀 쫑긋 세운 토끼 한 마리
솜털처럼 온순한 양 때들
푸른 광장 뛰놀며
내 마음 동심을 회상케 하고

어스름 깔린 배경 위로
서쪽 산 문턱에 노을빛 치맛자락
펄럭이는 석양은
붉은 플래시 반짝이는 순간에
상상적 예술의 세계를
창조하는 풍광들을
카메라 앵글에 비춰 주네

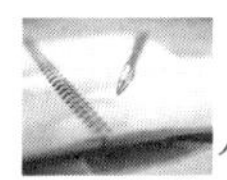 시/작/노/트

난생 처음 바라 본 일출.
그 어떤 말로도 표현 할 수 없을 만큼 신비로운 세계와
스스로 자연스레 변화하는 하늘 풍경 구름을 사진 촬영
하면서...

2부_ 어버이의 노래

<비비추>

빨간 능금의 추억

작곡: 이종원
작사: 김승연
Andant
곱 게 물 든 낙 엽 들 갈 바 람 타
고 때 르 르 뒹 그 는
계 절 빨 간 능 금 주 렁 주
렁 열 린 늦 가 을 꽃 동 에
나 서 는 어 머 니 사 랑 담 긴
손 길 로 살 살 어 루 만 져 반 들 반 들
윤 기 흐 린 능 금 쌓 아 놓 은
광 주 리 한 개 두 개 사 라 져 환 한
미 소 띤 어 머 니

가슴에 묻은 영혼을 만난 마음

미국에서 밴추라 해변가로 휴가를 갔는데
밤바다를 바라보며 모닥불에 저녁식사를 준비하고 있
　자니
갈매기 한 마리가 날아와 주변을 맴돌자
어머니가 말씀하셨다
"너에게 줄게 아무것도 없어서
어쩌니
네가 있어 봐야 먹을 게 없어"
하시며 안타까워하시던 어머니
동쪽으로 깜박이며
날아가는 불빛을
바라보는 눈시울엔
뜨거운 액체가 흐릅니다

기념사진

"여자는 약하나 어머니는 강하다"고 하지만 "여자는
　강하며
어머니는 위대하다"는 것을 당신은
우리 삼남매에게 보여준 어머니셨습니다

엄마 얼굴도 모르는 당신은
언니를 의지하며 새모 곁에서
슬픈 어린 시절을 보냈던 추억이 뇌리에 선명하게 스
　쳐간다며
옛이야기를 들려 주셨다

그러나 삼십대에 홀로 되어
오직 삼남매를 위해 앞만 보고
한 많은 비탈길을 걸어오신
어머니께 세월은 어느새 여덟 고개를 넘게 했다

작년부터 미국에서 언니와 얘기가 나올 때
어머니는 하지 않겠노라고 자식도 보내고 없는데
뭐가 좋아서 그런 걸 하냐고 반대하셨다
그렇지만 언니와 나는 딸도 자식이니까
어머니는 우리가 하는 대로 하시라고 말씀 드렸고

언니는 미국에서 전화로 모든 준비를 친구에게 부탁
　하였다

그 후 6월 8일 월요일 새벽에
미국에서 언니가 어머니의 8순
기념을 위해 귀국하였다

2009년 6월 13일 토요일 오후 6시
엠버셔더호텔 도라지홀에서
친척과 어머니의 친구분들을
초대한 가운데 어머니의 8순
기념 잔치가 치러졌다

짧은 시간 동안이지만 어머니를 위해 어린아이가 된
　우리 자매는
온갖 재롱을 부리며 즐겁게 해 드리려 음악에 맞춰
　마냥 흥을 돋우었다

한창 분위기가 무르익어 갈 무렵
나는 어머니가 아시는 "칠갑산"을 신청하여
어머니랑 나란히 마이크를 잡고 모처럼 뽐을 내며

어머니의 노래 소리가 잘 나오게 하기 위해
나의 목소리를 줄여가면서 어머니에게 마이크를 가까
　이 갖다 댔다

그날 상차림과 기념사진 촬영
비디오 촬영은
내가 예약을 하였고 며칠 후 찾아와 어머니께 보여
　드리자
잔치 전 모습이 아닌 마치 어린 아이가 생일 기념 촬
　영한 것을
친구들에게 자랑하고 싶어 사진을 아무도 건들지 못
　하게 하는 듯 했다

그래서 어머니 독사진과 우리
자매와 함께 찍은 가족사진을
안방 창틀에 나란히 얹어 놓고는
"여기에 놓으면 집에 오는
사람들도 보고 좋잖아"
하시는 어머니의 얼굴엔 환한
미소가 그려졌다

그런 어머니의 모습을
바라보면서 어머니께서 "싫다" 하셨다고
그 말을 진정으로 받아들였다면 얼마나 "서운하다"
   하셨을까
어른들의 말을 진심으로 받아들여서는 안 된다는 말
   이 있음을 확인케 했다

그 후 기념사진을 보는
사람들마다
모녀가 아닌 세자매가 나란히
앉아서 찍은 것 같다고
말을 하기에 가족사진을
다시금 바라보면서 "어머니의 생애"란 제목으로
한편의 시폭에 수채화를 그려 봤다

당신의 포근한 품이 그리워

꽃샘바람 사이로 개나리 진달래
애띤 얼굴 환한 웃음 띠는 계절
나 어릴 적
포근한 팔베개를 하고 새근거리면
은은히 풍겨 오던
향긋한 당신의 체취가 그리워서

경칩에 눈 비비며
텀벙텀벙
맑은 냇물 노 저을때

그리움 찾아 꽃바람 품에 안긴
새 한 마리
푸드득 푸드득
파아란 물결 뒤따르다가

고요한 달그림자 철로에 싣고
멀리 사라져가는 기적소리처럼
아련히 들려오는 고운 메아리

꺼져가는 불씨를 부르는

당신의 음성 들려오는 듯하여

뭉게구름 속으로 빗살무늬 펼치며
푸르른 청공 날으는 철새 따라

태평양 건너
저 멀리 펼쳐진 수평선 너머로
하얀 물보라 부딪치는 방파제 위에
그리움 찾아 지친 영혼
사뿐히 내려앉아 바라보니

어스름 달빛 아래
뽀얗게 분단장 하고
올망졸망 새싹들 피우고저
꽃동에 달문을 나서던
우아한 거울 속 어머니
그리워하던 내 어머니인데

모닥불 피워 오르는 백사장에
파르르 내려앉은 새 한 마리 보고
모이를 주지 못해

안타까워하던 여인

지친 날개 사르르 펼치고 날아가
당신의 포근한 품에 안기고 싶다

어머니의 생애

세월의 발자국을 찍어놓은 듯
자글자글 주름진 얼굴에
뽀얗게 분칠하고
립스틱도 곱게 바르고 나서

쌍둥인 듯 닮은
막내를 거울 너머로
웃으며 바라본다

내 어릴 적
엄마 젖이 그리워
둘째 언니 등에 업혀 울었고

장날이 돌아오면
동구 밖에 나가
아버지의 박하사탕을 기다렸으며

꿈 많은 소녀시절엔
찬란한 금빛 바라보며
흉년 들어 만주 가신 아버지가 그리워
서글픈 노랫가락에 눈물짓던

지난날들이 뇌리를 스쳐간다

고추당초 맵다는 시집살이는
삼십대 젊은 나이에
올망졸망 새싹들의 가장 되었지

꽃동에 찬 이슬 동행하여
속적삼을 흠뻑 적시고는
까만 세상이 되어서야
별빛을 한 발 두 발 밟으며
세월의 강산
세 고개 반척을 살았어

그래
내가 네 언니 나이였을 땐
내 꿈과 사랑을 다 쫓아
밝혀 놓은 등불에

네 남동생
꺼져가는 불씨를 살리려고
부처님께

마지막 기적을 기원하며
매달려 봤지만

끝내
내 눈 앞에서 아른거리게 하여
눈물로 세월의 약을 찾아야 했지

내 인생살이 80년
험난한 폭풍우 다 겪었지만
그래도 곱게 핀 장미 덩굴이
나를 감싸주어 행복하다며
거울 너머로 두 딸을 바라보면서
환한 미소를 그린다

여름이 오면

들꽃도 풀벌레도 땡볕 아래 녹초 되는 여름
제 흥에 취해 토마토같이 발갛게 달아올랐던 태양은
열대야 덮어 씌워놓고 무대 뒤로 사라집니다

꼭두식전에 나선 어머니
자두 복숭아 포도 딸기 수박
여름 과일 트럭 가득 싣고 오면

짓무른 자두 물랭이 고르는 어머니 손은
예쁜 자두빛 손이 되고

싹뚝싹뚝 곯아터진 포도 알갱이 자르고 나니
거칠어진 어머니 손은
포도주에 취해서 발그레지고

하얀 털이 무서워 귀신도 달아나는 복숭아
딱 딱 때려가며 복숭아 물랭이 한데 모으고 나니
어머니의 팔과 손등 뾽긋뾽긋

연한 살결 이리저리 부딪쳐
뭉그러진 새빨간 딸기 물컹이

살살 집어서 가려내고 나면
어머니 손톱에 예쁜 봉숭아물이 듭니다

둥글둥글한 수박 구를세라 깨질세라
조심조심 아기 다루듯
차곡차곡 또아리 받혀 쌓아 올렸건만

허무하게 때르르 굴러 쩍쩍 갈라진 수박
드나드는 사람들 목마름 씻어 주시고

곱게 차려 입으신 한복 저고리 속적삼
흠뻑 적시시며 달무리 질 때까지

이쁘니 못나니 가리시느라 허기지신 배를
추려 낸 물랭이 서너 개로 끼니 때우시는
어머니 손은 알록달록 고운 무지갯빛이랍니다

밤새 물랭이 또 생길세라
달방석 밟으시며 나서는 어머니가
우리 삼남매의 마음을 아리게 합니다

시/작/노/트

엄마가 남대문 시장에서 40여년 가까이 장사를 하실 적에
한복 곱게 입고 무더운 여름이 오면 여름 과일 손질 하느
라 하루 종일 허리 펼 새 없이 고생하시던 모습을 그리며
한편의 시를 썼다. (2002년 8월 23일 금요일)

윤달

4년마다 돌아오는 윤달
윤사월 윤유월
윤달이 끼어 있는 해가 되면
배 싸는 여인의 손길 숨 가쁘게 움직인다

고귀한 생명 주신 아버님 사랑 되새기듯
정성들여 마름질 하고

살갗을 도리는 고통 속에 낳아 주시고
백발이 되어서도 근심 걱정 떨치지 못하시는
어머니의 은혜 명주실에 끼워
한땀 한땀 곱게곱게 홈질하고 나서

영원한 여행길 포근히 보내드리고저
한올 한올 부모님이 주신 사랑으로 수놓는다

칠순 넘은 노모를 위해
오래오래 무병장수 기원하며
삼배 수의 마련하는 맏딸

딸이 마련한 삼배수의 하나하나 어루만지며

흐뭇한 마음에 웃으시는 어머니
이 세상에 나올 적에 맨몸으로 나와서
갈 적엔 이 옷 한 벌 얻어 입고 가는 거라며

내가 영원히 갈 적에 입고 갈 옷 마련했으니
내일 간다 해도 걱정 없다며 어머니는 좋아하시는데

어머니를 바라보는 딸의 마음은
맑은 햇살 사이로 먹구름이 흐릅니다

당신을 그려 봅니다

당신은 나를 기억하고 있나요
나는 가끔씩 당신의 얼굴을 눈앞에 그려봅니다

당신은 나의 모습
지금도 잊지 않으셨나요

나는 당신의 모습
이젠 아지랑이가 피어오르듯
안개 속 저 멀리 보이는 산봉우리를 보는 듯
아련히 스쳐갑니다

당신은 나를 어디까지 아시고 떠나셨나요
나 어릴 적에 당신을 만나기 위해
하얀 눈길을 따라 걷는 나그네 괴나리봇짐 되어
당신이 있는 휴양지에서 우리는 만났었지요

그때
당신은 내게 얘기했었죠
모든 것 근심스러운 듯
어린 나에게 도란도란 얘기했었지요

그런데
당신은 뭐가 그리도 미웠었나요
세상살이가 당신을 얼마나 괴롭혔기에
사랑하는 사람을 저버릴 수밖에 없었나요

당신이 사랑하던 꽃들은
봉우리를 어찌 피우라고
그토록 냉정하게 떠나셨나요

나 이젠 당신의 모습 가물가물해졌지만
때로는 당신의 얼굴이 그리워집니다

당신이 곁에 있어 감싸주었더라면
한 송이 꽃도 한 마리 새도
탐스런 날개를 펼치고 천공을 날 수 있었으련만

당신이 사랑하던 꽃과 사랑하던 새를
냉정히 떨쳐 버렸기에

한 송이 꽃은
봉우리를 피워보지도 못한 채

꽃잎은 메마른 잎이 되어 소리 없이 눈물 흘리고

한 마리 새는
천공을 날기 위해 날개를 펼치려다
힘없이 추락하고 말았지요

당신을 찾아 내생에서 만나면
당신의 사랑 듬뿍듬뿍 머금어서
천공을 힘차게 날아 보겠노라고

한 마리 새는
당신의 영혼을 찾아서
하늘로 하늘로
날개를 펼쳤답니다

보고픈 님이여

내 어릴적 당신 체취를 맡으며
새곤새곤 거렸고
설레이는 가슴에 콧수건 이름표를 펄럭이며
포근한 손목 잡고 등교하던 길은 마냥 즐거웠고

하얀 칼라 빳빳하게 세우던 날부터
새벽 연기 모락모락 피워
꽃동에 속 고제미 이슬 젖히며
따뜻한 주머니 가슴에 품고 내 발자욱 밟으시던
모성애는
낳은 정보다 기른 정이 진함을 보여주셨죠

나 역시 엄마보다 더 정이
깊었고
당신의 은혜 이 생명 다 해도
못 갚으련만

꿈속에 끝도 보이지 않는
계단을 오르시는 모습을 보며
나는 목 메여 당신을 불렀었고

또 어느 날 밤엔가는
하얀 치마 저고리를 곱게 차려 입고
말없이 어디론가 바삐 가시는 뒷모습을
보여주셨죠

그 모습은
나에게 영원한 이별을 예고 해주었건만
나는 태평양 건너 타국의 침실이기에
님이 그리워 꿈에 보였나 했죠

그러나 당신께서 영원한 여행길을
떠나셨다는 소식을 접하던 날
목이 메이며
나의 심장도 멈춘 듯 했습니다

암흑 속에서 병마와 싸우는
가냘픈 불꽃을 살리려
양, 한방으로 명약을 찾아다니며
간호해 주시듯

당신 곁에서 임종을 지켜봐 주지 못한 이 마음

갈바람 속에 눈물짓는 낙엽이
지나는 발자취에 짓눌려
사그라지듯 아파옵니다

내게 베푸신 너그러움으로
용서해 주셔요

생전엔 유년기를 회상하며 달려가
약한 시력으로 두리번거리며
보고픈 님 찾으면
어디선가 굽은 몸 버팀목 의지하며
환한 미소 띤 얼굴로 나를 반기셨지요

그날 밤
어린 시절에 맡았던 체취 곁에 누워
도란도란 거리며 노들강변을 들어야 했죠

꿈길에서나마 만날 수 있다면
환경의 변화로 헤어져
못다 한 이야기꽃으로 새벽녘 맞이하련만

이제 보고파지면 어디로 가야하나요
사진책을 넘기며
빛바랜 당신의 모습 속에서
지난날의 추억을 회상하면서
그리움을 달래렵니다

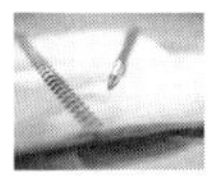 시/작/노/트

엄마보다 더 따르던 분 큰 이모님.
환경변화로 떨어져 14년 전부터 양로원에 기거 하셨는데,
가끔씩 찾아가면 으레 이모님이 먼저 나를 알아보시고 반
기셨다. 그런데, 2007년 "음력 11월"에 운명하셨다는 소식
을 미국에서 들었고, 눈물이 앞을 가려 한없이 슬픈 심경
이었지만 장소가 그럴 수 없는 공공 장소였기에 슬픔을
억눌려야 하는 마음 더욱 아팠었다.
이모님, 어린 꽃 봉우리 피우도록 보살펴 키워 주신 은혜
영원도록 잊지 못합니다. 이모님 감사합니다.
고이고이 잠드시고 극락왕생 하세요.

빨간 능금의 추억

곱게 물든 낙엽들 갈바람 타고 때르르 딩구는 계절
빨간 능금 주렁주렁 여리는 늦가을 꽃동에 나서는 어머니
사랑 담긴 손길로 살살 어루만져 주어
반들반들 윤기 흐른 능금

광주리에 차곡차곡 쌓아 놓고 앉아
한 줄 두 줄
사라져 가는 모습 바라보는 어머니

환한 미소 속에 잔주름은 샘을 더하고
깊어가는 가을밤 달방석 깔리면
한 아름 품에 안고 귀가하시어
어머님이 나눠 주신 빨간 능금

옷깃에 싹싹 문지르면
붉은 얼굴 수줍음 타며 더욱 빨개져
어여뻐서 한 입 깨물어 주고파

대청마루에 둘러앉아 도란도란거리며
나눠먹던 새콤달콤한 맛
빨간 능금의 추억 그리워지네

내가 만든 엄마 얼굴 빨간 능금의 추억

쌓아놓은 광주리 한 개 두 개 사라져
환한 미소 띤 어머니.

어머니를 바라보는 마음

어머니
당신께선 언제나 준비하는 마음으로 험한 길을 걸으
  셨지요
새싹을 잉태한 몸으로 고추당초 시집살이에도
태교하는 몸이라 곰처럼 묵묵히 겪어냈으며

갓난아기 들쳐 업고
낮엔 좌판에 호떡을 펼쳐 놓고
별 밤엔 나무토막 화로에 군밤을 구어 팔며
오늘보다 내일을 생각하며
한 톨의 쌀을 아끼려 콩비지로 끼니를 때우셨다죠

올망졸망 새싹 피우려 매서운 동장군을 마주치며
광주리에 사과 배 쌓아 놓고 눈보라 치는 날엔
맥없이 설움에 복받쳐 배달 온 밥그릇에
눈물을 말았던 날들이

어린 딸의 광명을 되살리려
양방으로 한방으로 옮겨가며
시장에서 병원으로 오가며
가느다란 실빛을 1년 만에 찾았을 때

어머니의 마음은 하늘을 날을 듯
새 생명을 얻은 듯한 마음이었죠

그런데
고생 끝에 낙이 온다 했건만
희생 끝에 보람의 기쁨은 하늘도 무심케
가슴에 묻게 한 자식을 그리워하며

어머님께서 언제부터인가
무언가를 하나하나 준비하시는 마음을 바라보는
이 심정은 왜 이리 답답해 오는 걸까요

4년마다 돌아오는 윤달에 해드린 수의를 어루만지시며
내 입고 갈 옷 마련했다며 웃으시던 어머니

산수연을 지내시고 맞는 새해
매서운 동장군 휘파람 불던 날엔
어린 아이가 엄마를 졸라 꼬까 옷 입고 나들이 가듯
발길을 재촉하며 도착한 촬영실
영원토록 고운 모습으로 남겨 주고픈 마음
희생 흔적을 지워 버리고픈 어머니의 마음을 지켜보는

이 마음은 또 왜 이리 아파오는 걸까요

어머니
저에게 어떤 험한 욕설을 하셔도 좋고
저의 잘못을 호되게 꾸짖어 주셔도 기꺼이 받겠습니다

그러나
내가 없으면…
내가 죽거든…
이런 말씀은 하지 말아 주세요

자식들은
이 세상에서 어머니의 체취를 오래도록 맡고 싶어 합
　니다
내 어머니께 효도 한번 해 본 적이 없지만
어머니
누구보다도 어머니의 품을 떠나고 싶지 않은 이 마음
당신께서도 너무 잘 아시겠죠

그러기에
이젠 어머니와 떨어질 준비를 해야 한다며

슬픔 속에서 준비하지 않도록
먼 여행길 떠날 준비를 하시는 마음
그 무엇도 임종의 날은 피할 수 없는 시간이지만

어머니
흘러가는 물결 따라 떠가는 구름과 함께
생명체들은 한 발짝씩 닿아가고 있는
그 날을 기다리지는 마세요

우리 자매는 영원토록 어머니와 함께 하고픈 마음입
　니다
물 건너 하늘을 바라보며 살아야 하는 외로운 우리는
지금부터 울고 싶지 않습니다
어머니 진심으로 사랑합니다

시/작/노/트

2009년 6월 13일 어머니의 팔순을 지내고 2010년 2월 5
일 매서운 바람이 불던 날 어머니께서 영정사진을 찍으시

겠다며 사진관에 갔다. 사진을 찍고 나서 슬라이드로 사진을 보며 어머니께서 희생 자국인 주름을 지워 달라 하시는 모습을 보며 영전 사진이기에 무덤 속처럼 어두컴컴한 배경 앞에 앉으신 모습을 보는 이 마음은 시커먼 바위돌에 눌린 듯 숨이 막혀 오고 눈앞이 캄캄해져 왔다. 진정 일을 당하게 되면 나도 심장이 멈출 것 같다.

나의 어머니 희생 길

무거운 발걸음 마다 않고
십리 길 걸어가서 내일 끼니 거를세라

동그란 광주리 앞에 앉아
한 손에 빨간 사과 들고서

어여쁜 딸의 얼굴 떠올리며
사과 사라고 자그맣게 외치는 모습 속에
깊게 파인 주름

찬찬히 주름진 모습
어머니 희생 새겨진 흔적이며

어린 우리들을 위해
달문 열고 나서면
달마루 비출 때까지
빨간 사과 반들반들 닦아 놓고
오가는 눈길 모으게 하여

차곡차곡 쌓였던 빨간 사과
한줄 두줄 낮아진 만큼

어머니 고운 얼굴엔
하나 둘 짙은 주름 늘어가고

어린 남매 모습 떠올리며
활짝 웃고 있는 동그란 얼굴에
찬찬히 곱게 곱게 놓인 그 주름은

우리만 한결같이 바라보며
살아 온 세월 속에

깊게 파인 고운 주름 길
그 길은 나의 어머니 한이 고인 길이며
나의 어머니 희생이 담겨 있는 길이다

아름다운 하루

일출봉 밝은 얼굴
두레박 인생
하루 깨우면

살랑살랑 풍경소리
갯벌 황토 마사지 즐기듯
깊숙이 깊숙이
바지런한 햇살이 비추고

고달픈 나날 속에
목소리 고운 때를 그리며

벌겋게 물들어진 석양 아래
고요해진 물결 따라
파장하는 여인

어머니의 희생 흔적

오월의 푸르름만큼 곱다란 길
내 어머니 고운 얼굴에
웃음 꽃 피워주던 길

세월의 강산 고갯마을 넘을 때마다
한틈한틈 짙어지고

인생의 흔적 따라
곱다란 길 움푹 패여
당신이 걸어 온 흔적 말 해주듯

하나 둘 늘어가는 곱다란 길
움푹 움푹 패인 길 만큼
사뿐사뿐 걸어 왔건만

내 발자욱 따르던
작은 조약돌
얼굴이 가려져
따르던 길 잃었다며
굽어진 도랑 원망하네

푸르른 들판 길 따를 때는
하늘을 나를 듯 뒹굴더니
밟고 지나온 길 잊은 듯
짙게 파인 도랑길 외면하려 하고

길 사라진 뒤 그 아무리 둘러 봐도
사라져 간 도랑길
영 영 만날 수 없으니

인생 끝자락에 짙어진 도랑 길에
감사의 마음 되새기며
사뿐사뿐 밟아 주리

3부 _ 아우의 노래

<다람쥐>

그리운 아우에게

정한아
한참 봉우리를 피울 나이에 머언 여행길 떠난 지도
어느덧 20여 년
이젠 네 이름 부르기가 새삼스럽구나

정한아
작은 누나가 올해 봄부터
시각장애인들이 하는 사진 교실에 참여하여 사진학을
　　배우거든
대학로의 상명갤러리에서 강의를 듣기도 하고
야외촬영을 가기도 한단다

사진과 학생들을 보면 네가 생각나고
셔터를 누를 땐
너의 얼굴이 눈앞에 아른거려 마음이 울적해진단다

누나가 쓴 시와 함께 영상 시 전시회를 열어서
네가 이루지 못한 꿈을 이 누나가 대신 해줄께
하늘나라에서도 지켜 봐 줄거지?

정한아

꿈에서 너를 만난 날은 좋은 일이 생겼었는데...
이젠 네 모습이 가물가물해져 가니
전처럼 꿈길에서라도 만나보고 싶구나

정한아
우리 다시 만날 때가 1초씩 가까워지고 있잖니
그동안 삼남매를 위해 희생하신
엄마 건강도 지켜줄거지?

 시/작/노/트

카메라 앵글에 잡힌 먹구름 사이로 비추는 햇살을 바라보
면서 잊혀져가는 아우를 그리워하며 쓴 시.

낙 엽 1

이승의 묵은 죄를 씻어 주듯
온 세상을 새하얀 눈꽃으로
장식하던 정월

마지막 설빔을 갈아입고
30년 7일 만에
당신 곁을 떠나 간
나는

가을이 오길 손꼽아봅니다
성대에선 당신께 전할 말이
남아 외쳐 봤건만

이미 굳어버린 혀는
내 마지막 한 마디를
끝내 가슴에 묻었습니다

그러기에 가을이 되면
내 영혼은
노오란 은행잎을 타고

사랑의 체취가 묻어 있는
내 생가를 찾아가
비단결 같이 고운
당신의 이목구비 바라보니
셀 수 없는 희생 흔적으로 가려지고

바지런하던 당신의 하체는
희생 흔적을 말해 주듯
서양 진료와 한방치료로
통증을 달래는 모습을 바라보면서

울긋불긋 고운 가을 햇살 배경에
즐겨 입으시던 꽃분홍 한복으로
곱게 치장한 당신을 초대하여

우리 삼남매를 위해
어스름 달빛 아래 추장하던
우아한 모습을 카메라에 담던
지난날을 회상하며

영혼의 손끝은

카메라의 초점을 당신을 향해
셔터를 누르렵니다

내생에서 마중하는 날
내가 현상한 당신의 영전은
반가움과 서러움 뒤엉킨 속에서
나무아미타불 목탁 소리
메아리치리라

낙 엽 2

매서운 동장군 입김 속에서
30회 맞이한 새해
한 주만에 당신 곁을 떠나 간
나는
가을이 오길 기다립니다

못다 한 사랑의 편지를
당신께 전하고저
노오란 옷차림으로
당신의 희생이 머물던 곳으로 날아가

보고파 하던 앵두빛 입술을 애무하고
붉은 빛으로 추장하고는
무서리 위에 내려앉아
싸늘한 갈바람 막아주며

짙은 가을빛 옷깃으로
고달펐던 희생 자국을 어루만지며
지난날의 사랑을 확인하렵니다

너는 알았었니

내가 얼마나 사랑했었는지
물보다 진하기에
너와 다툴 수 있었고

그 무엇과도 바꿀 수 없는 존재이기에
때로는 미워했어도
그만큼 사랑했기에

너와 나는
싸우며 토라졌다가도
봄볕에 살얼음 녹듯
우리 감정 사르르 풀리면

너와 나의 수장 다정히 포옹하며
빙긋이 하얀 이 드러냈었지

토닥토닥거린 만큼
우애도 깊어졌는데

냉정히 떠나버린 너는
알았었니
내 너를 진정 사랑했었다는걸

시/작/노/트

나에겐 하나뿐인 남동생.

어렸을 때는 토닥토닥거리며 지내던 동생이었지만, 세월이
흐르면서 누나를 위해 손수 트랜지스터 라디오를 조립해
주어 집안에서 지내다시피 하는 누나의 마음을 달래주던
인정어린 동생과 함께 했던 지난날들을 회상하면서 그려
본 한편의 시.

저승길로 떠나는 모습

아빠 얼굴은 본 적도 없지만
아빠를 닮은 양 눈매 지그시 감고

돼지 입처럼 불쑥 내밀어 도톰한 입술은
지그시 웃음 지어 보이며
이제 고통스러움에서 벗어나
만사가 편안하다고 말해 주고

무엇이든 쥐어지면
때로는 완성품으로 또 어느 것은 새것으로
마술을 부리던 재주꾼 손은
삼베 장갑 끼워져 점잖게 모아
배 위에 올려놓고

산으로 바다로
자전거로 오토바이로 달리다가
웅장한 네 바퀴를 타고 맘껏 다니던

두 발은
엷은 삼베 버선 신고
가지런히 모아 버선코를 세우고

곱슬곱슬 말아 라면머리를 하고 와서
주위 사람들에게 배꼽 쥐며 웃게 하던

머리는
어린 시절로 돌아가고 싶은지
가르마 타서 머리 곱게 빗어 넘겨
멋을 부리고

아빠 닮은 얼굴엔
뽀얗게 분단장 하고

연한 색 삼베 수의로 차려 입고는
편안한 잠자리에 누워 곤한 잠에 빠진 듯

하얀 홑이불 덮인 칠성판에 누워 있는 모습을
부모 형제 일가친척 앞에 보이고 나서
아빠 닮은 얼굴 면사포로 가리더니

가족 인연 맺어왔던 세월
길다면 길고
짧다면 짧은

아니 너무도 짧았던 인연 매듭을 풀고
영원한 이별하였네

부모 가슴 미어지는 통곡 소리와 함께
막차에 누워 멀어져간 시신

한줌의 백골이 되어
흘러가는 구름 따라 날아가는 갈매기 떼처럼
바람 타고 훨훨 강물 위로 날아가면서

이승길 찾아 나올 적엔 차례 기다렸지만
저승길로 떠나는 날은 순서 따르지 않았다고
영혼은 말해주었네

4부_ 여인의 노래

<장미원의 꽃밭>

내 생의 집

이슬비 맞은 듯 촉촉이 젖어
뭉치고 치대어 물레에 올라가
홀쭉이로 솟아 나오면
주모 손길 따라 바삐 움직이고

오동통한 얼굴로 기지개 펴면
반야심경 먹물 찍고 안주인 되어
조석으로 맨질맨질 마사지 받지만

희뿌레한 핏기 없는 모습
자그마한 몸은
범도 달래지 못한
앙증맞은 울음을 달래 줄 단지도
아장아장 용변처리 해주는 단지도 아닌

영원토록 함께 하리라 믿었던
당신께서 떠나신 날
생사를 헤매며 고통스러워하는
막내아들을

당신 곁에서 간호 하고파

형제들의 통곡 속에 돌아온
한 줌의 백골을 고귀하게 품에 안고

꿈속에서 그리던 당신 영혼을 만나
포근했던 지난날의 품에 안기고 싶다

 시/작/노/트

이모할머니의 막내 손자인 규호가 교통사고로 사망했다는
연락을 받고 어머니와 함께 간 화장터.
난생 처음으로 가서 한 줌의 백골이 되어 희뿌레한 옹기
에 안겨 나온 영혼을 보고 와서 막내아들로서 엄마를 끝
까지 간호하며 임종을 맞아 준 규호의 영혼을 생각하면서
시폭을 그렸다.

지혜로운 삶

자상한 남편과 든든한 두 아들이 있어
희미하게 비춰 주던 방명 암흑 속에 가려졌어도
더 없이 행복했었다

나약한 나의 버팀목이며 네 식구의 가장으로서
건강에 신경 쓸 여유도 없이 앞만 보고 달리던
그에게 주어진 것은
감사패도 표창장도 아닌,
성인병이 괴롭히기 시작했다

내 가족의 아픔 치료하듯 통증에 시달리는
이들을 치료해 주고
휴식을 취하던 어느 날 오후
그토록 절실하게 믿었던 하나님도 무심하시지
그가 치료하던 침상에 그의 등을 붙들어 매었다

병문안을 온 사람들은 너나없이
"하나님께서 이젠 그만 쉬게 하시는 거라"며
위로 아닌 위로의 말들을 하곤 했다

그러나 반신불수가 된 남편을 바라보는 나는

어둠 속에서 보호자가 돼야 하니
속상함이 그이 앞에서 언성을 높이기는 하였지만
안쓰러운 맘에 눈시울을 붉히게 된다

지금까지 살아온 날보다는 짧은 세월이 남았겠지만
자유롭지 못한 몸으로 고통스럽겠지만
재활치료 운동은 밥 먹듯 열심히 하여
목발에라도 의지하며 걸을 수만 있다면
더 이상 바라지 않아요

우리 네 식구가 다시 행복해질 수 있는 길은
오직 그 길 뿐이라는 것
당신도 잘 알고 있겠죠?

지난 날 당신께서 내게 배려해 준 것처럼
이 생명 다하는 날까지
이젠 내가 힘이 돼 줄께요

나에게도 직장을 다닐 수 있도록 지압을 가르쳐 주셨던 이 원장님. 아내에겐 자상한 남편이며 손님들에겐 기적 같은 시술로 치료해 주던 이원장님이 뇌졸중으로 쓰러졌다. 전맹인 아내가 남편을 간호하는 모습을 보고 안쓰러운 마음에 한 편의 시를 써 보았다.

사랑하는 영아에게

영아 사랑스런 영아
내가 너를 처음 만나던 날
너는 나와 눈 맞춤을 하며 방긋방긋 웃어 보였고

네 곁에 너의 엄마가 있을 땐 얌전하다가도
내가 옆에서 눈 맞춤을 하면
안아 달라 옹알거렸지

아장아장 걸음마 시작하면서
너의 집에 내가 가는 날엔
방글방글 웃으며 뻬뚱뻬뚱 내게로 달려와
품에 안기며 나의 목을 꼭 끌어안고
살짝궁 간지러운 입맞춤으로 반겼었지

네가 콧바람이 그리워 흥얼거려
앙증맞은 네 손을 잡고 동네 한바퀴 돌면
말이 늦된 너는
귀여운 눈빛으로 환히 웃으며 나를 바라보곤
맞잡은 나의 손등에
보드라운 뽀뽀로 만족스런 기쁨을 표현했었지

네가 한글을 익히며 나에게 주었던 크리스마스카드
지금도 그 때를 회상하면
어린 네가 어떻게 그런 생각을 했었는지
신통하고 잊을 수 없는 추억이란다

너는 말문이 열리면서 나를 엄마라 부르며
엄마 아닌 엄마가 되게 했고
나 또한 엄마 아닌 너의 엄마가 된 듯
너의 성장하는 모습을 지켜보면 볼수록 사랑스러웠단다

어느덧 강물을 타고 흐른 세월은
너를 어엿한 중학생으로 성장케 하였구나
네가 중학생이 된다 하니
마치 내 아들이 중학교에 들어간 듯
마냥 기쁘고 네가 어느새 그렇게 자랐나 싶어
그저 대견스런 너를 바라보니
너의 어릴적 모습이 자꾸 떠올라
나의 입가에 미소를 그리게 하는구나

사랑하는 영아
앞으로 우리 우정 변치말며

언제까지고
아니 네가 아빠 되는 그 날이 오더라도
엄마처럼 따르며 정을 주었던
너의 마음이 영원하길 김이모는 바란단다

사랑하는 영아
너는 서울 대표 가는 짱구인 만큼
으뜸가는 과학자가 되리라고 김이모는 믿거든
아마 꼭 그렇게 될 것이고
먼 훗날 우리 함께 찍은 사진을 보며 웃고 있지 않겠니

영아
그때가 되면 너는 네 아이에게 이모와 함께 찍은 빛바랜
사진책을 보여 줄거지

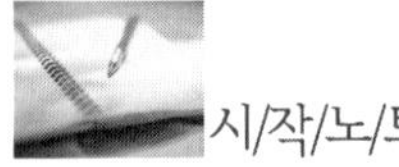 시/작/노/트

내가 다니던 직장 이 원장님의 막내아들을 생후 1개월에
처음 만나 시각장애인 엄마가 해 줄 수 없는 부분을 대신

156

해 주면서 정을 나누었고, 손님이 뜸한 시간을 이용하여
영아에게 콧바람을 쐐 주었던 지난날의 추억을 회상하면서
한 편의 동화를 그려 보았다.

내가 왕초야

꼬불꼬불 거미줄 속에
알알이 채우고 하늘을 우러러보며
위에 앉아 있다고 네가 왕초니?

구공 중 오똑 솟은 꼭대기 한복판에 쌍굴을 뚫고
산소동화 작용하며 쌍나팔 불도록 해 주는
내가 왕초인거야

아냐
부드러운 율동과 정다운 장단 맞추며
에너지를 공급해 주는 애가 왕초지

뭐- 어
우리 다섯 쌍이 뭉쳐서
집어주고 받쳐주지 않아도
니가 왕초라구

우리들의 활동이 멈추면
니들 밥그릇이 울어댈 터니
우리들이 왕초 중 왕초라구

그 아무리 좋은 원료를 공급해 준들
내가 분단해 주지 못하면
모든 작업이 멈추게 되니
술고래와 골초들을 제일 싫어하는
내가 왕초야

모르는 소리 하지 마
동그란 마음씨로 아무도 모르게
고요한 시간에 하루 일과를 명령하는
내가 왕초지

뭐라구
내가 힘차게 맑은 펌프질을 안 해 줘도
네가 왕초니?
내가 음직이지 않으면 너희들은 존재할 수 없게 되니
내가 왕초라는 것 잊지 마

은빛 날개

높푸른 하늘 아래 초원으로 펼쳐진 캘리포니아
내가 이주하여 로디 이름표 달은 지도
세월의 산 일곱 고개 넘어

다팔다팔 보골보골
향기로이 후각 앞에
낙하하길 기대하지만

발그레 농익은 오렌지는
살랑살랑 부드러운 품에 안겨
실줄 타고 울 앞에 특특
파아란 잔디 품속으로 특특

군침이 쉴 새 없이
주루룩 흐르다 흐르다
목젖의 통증 참을 수 없어

은빛 날개 펼치고
힘차게 몸을 날려
붉은 국물에 갈증을 씻어낸다

행복한 나그네

푸르른 초원의 도심지
내 몸 거처할 곳 없어도
나를 기다려 주는 침대가 있고

강렬한 열풍 불어올 땐
너울너울 훌라춤 부채질 해주고
가스비 없어도
케비카에 의류와 침구
그리고 흰둥이를 태워 빙글빙글 돌리면서
호수가로 공원으로 떠돌다가
허기진 위장 햄버거로 채우고

험난한 세상 만난 기념일엔
울긋불긋 케익 자리에 피자 한 조각과
허리 잘록한 와인잔 대신
엄마 숨결처럼 보드라운 오렌지주스 한잔

꽃구름 떠가는 파란 하늘 아래
푸른 숲 공원
킹판 몇 구루 손님으로 초대하고

햇님의 입김을 인생의 무게만큼
휘 휘 휘파람 소리 위로해 주는 벗 삼아
나 홀로 파티 즐긴다

여름 밤 사냥

지구 온난화로 슬픔 조각 둥실둥실 사라져가는
은빛 나라가 그리워질 땐
만모스 정상에 올라 스키를 즐기다가
송골송골 맺힌 땀방울
맑은 호수가 낚싯줄에 끼워 날리고

산들바람 품에 안겨 단꿈을 깨고 나니
바람결에 날아와 자극 하는 내음
야밤에 사냥을 나서자
살랑살랑 후각을 자극하는 곳으로 인도해 주어

흑흑 거리며 캠핑장을 따라 가
솔솔 풍기는 문을 흔들자
군침 돌게 하는 바베큐 소스 내음
널름널름 싹드리로 설거지 하고나서

야들야들한 망고 뺨에 키스하고
벌건 얼굴에 뽀뽀하니 다이어트 메뉴는 싫어
푸 푸 날려 버리고

동글납작한 얼굴에 입 맞추니

새콤달콤한 복숭아 맛

야금야금 안주 삼아
달콤한 와인 한잔에
캔맥주까지 마셨으니

야... 오늘밤 사냥은 대성공이다
코리아 아줌마 땡큐땡큐

5부_시조

<불빛에 반짝이는 반포 한강물결>

지하철 신문

콩나물시루 타고 달리는 샐러리맨
바쁜 시간 짬 내 읽는 유일한 독서
간밤에 열린 청문회로 일그러진 미간들

노쇠한 몸을 끌고 첫차에 올라타서
1-4호선 선반청소 열 칸을 왕복하고
꼬부랑 굽은 허리에 짊어지고 이고 끌고

진종일 헛걸음질 터벅터벅 거닐다가
기다림도 연고지도 없는 한 몸뚱이
움츠린 마음 감싸줄 고마운 침구라네

장구

궁체가 노크하니 열체가 답하고
열체가 부르면 얼쭈 넘어와 장단 맞춰주며
쿵더쿵 더르르 궁체 열체 따라 덩실덩실

파워포인트

안방에 펼쳐지는 가족 영화관
옛 추억을 회상하며 울고 웃는 시간
무료로 언제든지 볼 수 있는 슬라이드 쇼

연잎차

푸른 잎 말려서 채 썰어 볶아 비벼
온화하게 우려낸 발그레한 빛깔
떨떨한 향기의 다도에 마음을 다스린다

폐품 유모차

아들 딸 손자손녀 안고업고 어르다가
뒤뚱 걸음 붙들어 네바퀴에 앉히고
노쇠한 몸 의지하며 빈바퀴를 굴리네

도예 시간

어릴 적 회상하며 흙장난 주물럭거리다가
둥글둥글 공이 되고 빙글빙글 움푹 패여
자그만 솥단지와 밥그릇 소꿉놀이 떠오른다

시조 짓기

시조란 틀이 있어 쓰기가 쉽다지만
간편하게 간추리기 시 쓰기보다 어려워
세 줄을 네 걸음씩 나누면 된다던데

그리움 1

양 한방 치료를 겸하신 의사 선생님
광명의 빛 되찾아 주신 은혜에 보답 하고파도
대접할 새 없이 흘러간 세월은 그리움 뿐...

6부_ 하이쿠

<빨간 장미 위로 지나가뜬 리프트>

1
흥겨운 가락
장단 맞춰 부르는
나의 콘서트

2
무더운 여름
별과 달 밤새 얼려
붉어진 태양

3

뭉치고 치댄
붉은 공 굴렸더니
둥근 단팥빵

4

삼복더위엔
폭설에 덮인 빙판
흐르던 땀 뚝

5
빈 바퀴 굴려
굽은 몸 인도하는
폐품 유모차

6
안방 영상실
슬라이드 쇼 진행
컴 도사 되네

7

두 번째 하니
컴 강사 앞서 간다
귀에 익은 말

8

낮엔 더워도
조석으론 서늘해
입추 지났어

9

뒷모습 보니
그립던 님 서있네
닮은 형제야

10

열심히 하는 일
끝이 곧 시작이니
꿈을 펼쳐라

11

한 마디 칭찬
꿈과 희망을 주어
부푼 자신감

12

녹음 틈에서
보랏빛 인사하네
아 코스모스

13
매주 토요일
시식 평가 받는 날
행복한 주말

14
1개월 하자
둥글리기 손 익어
제빵사 도전

17

피자 반죽을
제빵사 된 듯 눌리는
설레는 마음

18

목청 높이며
가수 흉내 내는 날
스트레스 노

19

법복 차림에
관세음 독송하며
마음 비우네

20

꽃은 빛깔을
잎 향기 보시하는
진흙 속 연꽃

21

정보 전하고
노인들 수입 되는
지하철 신문

22

무대에 서서
엄마 아빠 흉내 내는
가상 배우들

김승연 시집 "당신에게 드리는 노래": 보이지 않는 세계를 마음으로 읽는 법

박정근
(대진대 교수, 윌더니스 발행인, 시인)

I

　김승연 시인은 매우 따뜻한 마음의 소유자이다. 시를 쓰는 이유도 시인의 따뜻한 마음을 누구엔가 전달하고 싶어서이다. 3년 전에 서울시가 지원하는 인문학 프로그램을 강의한 적이 있었는데, 그 때 필자는 시각장애인들을 가르치는 쪽을 선택하였다. 처음에는 교수로서 다가서기 어렵지 않을까 걱정이 앞섰다. 하지만 시간이 가면서 그들이 얼마나 순수한 사람들인가를 깨달았다. 김승연 시인은 그들 중에서도 감수성이 예민하고 타인에 대한 관심과 배려가 충만한 모습을 보여주었다. 그녀는 매번 스스로 만든 빵을 동료들에게 나누어주면서 마치 사랑을 한 조각씩 나누어주는 산타클로스 같은 이미지를 연출하였다. 자칫 이 세상을 너무 삭막한 곳으로 한탄만 할 수 있는데, 그녀는 사랑의 전도사가 되어 메마른 세상을 촉촉하게 적셔주는 사랑의 샘물의 역할을 하고 싶은 것이다.

　시인이 시각장애인을 위한 여러 프로그램을 거치면서

시창작을 하게 된 것은 그녀가 자신의 닫혀있던 마음을
열 수 있는 열쇠를 찾는 계기가 되었다. 신체적 장애가
삶을 어둡게 하고 냉소적으로 만들 수도 있다. 정상인들
과 비교해서 결핍되어 있는 부분에 대해서 한탄하고 세
상에 대해서 삿대질을 하며 따지고 싶은 마음이 앞설 수
있는 것이 인지상정이다. 그러나 김승연 시인은 오히려
이웃들을 껴안고 보듬어 주고 싶은 사랑으로 가득 차 있
다. 시인은 얼어있는 세상을 녹여주는 존재가 자신의 정
체성이라고 믿는다. 세상은 그녀에게 거리를 두고 멀리하
려고 해도 그녀는 가슴 속에 간직해온 사랑의 불씨를 꺼
내어 화해의 손길을 내밀곤 한다. 이것이야말로 시인이
세상에 존재하는 이유이며 자신의 최고의 가치로 설정하
고 있는 것이다. 눈보라가 치고 폭풍우가 몰아치는 세상
에 그녀와 같은 휴머니스트가 없다면 얼마나 삭막한 곳
으로 변해버릴 것인가. 가슴에 고독의 얼음 조각을 품고
살아가는 사람들이 마음의 문을 열고 사랑의 훈풍을 쬘
수 있도록 조그만 불씨의 역할을 하고자 하는 그녀야말
로 세상을 구원할 수 있는 마리아 같은 여인이라고 정의
해도 손색이 없으리라

누군가
내 이름을 불러 준다면

나는
세찬 눈보라가 휘날리는 겨울날의
따스한 모닥불이 되고 싶다

당신의 쓸쓸한 마음을
따사로이 감싸줄
불씨를 피우고 싶다

김승연 시인은 시창작을 하게 된 것이야말로 인생의 가장 큰 의미를 찾은 것으로 생각한다. 자신의 삶의 좌표로 삼을 여러 가지 일들을 시도하였지만 그녀의 꿈을 펼칠 기회를 분명하게 찾지 못하고 인생의 전반기를 보냈다는 상실감을 극복하는 순간이 온다. 그것은 바로 시와의 만남이다. 시를 쓰게 되면서 삶에 대한 꿈을 가지게 되고 지금까지 출구를 찾지 못했던 감정들을 곱게 모아서 세상에 전달할 수 있는 자신감을 확보하게 된다. 즉 시를 통해서 절연되어 있던 세상과 소통할 수 있는 방법을 체득하고 내면에 간직해온 아름다운 감정들을 시로 승화시켜 세상에 사랑의 씨앗으로 심을 수 있다고 생각하는 것이다. 시인은 물질로 세상을 발전시키고 변화시킬 수는 없다. 오히려 궁핍한 물질대신에 풍요로운 상상과 감정을 시라는 꽃잎을 피워서 마치 종이비행기를 날리듯 멀리 멀리 보내고 싶은 것이 시인의 마음이리라. 김승연 시인의 시로 쓴 꽃잎들이 내리는 세상은 더 이상 물질이 지배하는 삭막한 사막이 아니라 사랑의 들꽃들이 여기저기 피어있는 아름다운 초원으로 바뀔 것이다.

인생의 후반기에 내려선 지금
내 인생에도 무엇인지 꿈이 있던 것 같아
자그마한 하트 안에 개나리 꽃잎을 깔고
과거의 슬픔과 기쁨

　　　　그리고 미래의 소망과 현재의 만족감을
　　　　소록소록 듬뿍 담아
　　　　부드러운 입김으로 사르르 날리고 싶어 한다

('시를 쓰는 마음' 중에서)

이 시집은 김승연 시인이 자신이 꿈꾸어온 시인으로서의
정체성을 바로 세우는 문학의 장이 될 것이다. 물론 시인
으로서 완성된 모습은 아닐지라도 세상에 시를 들고 나
서서 바꾸어보려는 자신감을 보여줄 수 있으리라고 본다.
지금까지 자신이 어떤 존재라고 내세울 기회가 주어지지
않았지만 시를 통해서 사랑하는 가족들과 이웃들, 수많은
시각장애인들에게 세상이라는 꽃밭에 사랑의 꽃들을 함
께 심고자 하는 시인의 마음을 전달하는 귀한 기회라고
보는 것이다.

　　김승연 시인은 어린 시절에 큰 병을 앓고 난 후 시각
장애가 왔으며, 나이가 들면서 청각마저도 완전한 상태가
아니다. 시각적 결핍을 청각적 즐거움으로 보충하며 살아
왔다는 것은 시인의 시속에 다분히 드러나 있다. 시각적
장애는 시인으로 하여금 인간적 외연보다는 자연과 가깝
게 친교하도록 하였다. 인간적 소외를 자연의 아름다움에
서 위안을 찾는 시인은 보지 못하는 것에 대한 노스텔지
어를 갖게 한다. 그러나 안타깝게도 청각마저 약해지는
상황을 맞이하면서 시인은 육체적 감각보다는 영적인 눈
과 귀를 찾고자 한다. 자연의 아름다운 소리에 해당하는
'꾀꼬리 화음'을 들을 수 없는 것에 굴하지 않고 오히려
마음의 소리를 듣고자 노력하는 시인의 모습을 찾아볼
수 있다.

아름다운 자연의 숨결
다정한 님이 부르는 꾀꼬리 화음을
들을 수 있는 소리의 집이 아닌

마음의 창 너머로 들을 수 있는
아름다운 율동이 솟아나는 소리샘을
어서 찾으라며

나의 하나 뿐인 소리의 집은
서글프게 날마다 밤마다 노크해댄다

II

김승연 시인은 가슴에 활화산 같은 사랑의 감정을 소유하고 있다. 그녀는 반평생을 살아오면서 육체적 결핍을 극복하도록 도와준 분이 어버이라는 것을 잘 인식하고 있다. 인간은 어차피 완벽할 수 없는 존재이기에 부모와 자식 간의 인연이 되면 자신을 희생시키면서 서로를 위하고 돕는다. 남녀 간의 사랑도 여기에서 벗어나지 못하며 서로의 결핍과 한계를 채워줌으로써 사랑을 체감하고 확인한다. 특히 항상 의존하며 살아온 부모에 대한 자식의 사랑은 무엇보다 리얼할 수밖에 없다. 김승연 시인은 부모에 대한 운명적인 사랑을 이렇게 노래한다.

나 혼자만이 사랑 한다하여
이루어지지 않는 것도 사랑이지만

나 홀로 영원토록
사랑할 수 있는 사람

나를 낳으시고 키워주신
나의 부모님
나의 어버이 뿐이네

김승연 시인이 어버이에 대해 효도하고자 하는 마음을
이 시에서 확인할 수 있는 것은 시인의 사랑의 영원성을
표현할 수 있는 대상이 어버이뿐이라는 고백이다. 세상에
서 흔히 발견하는 사랑은 너무 즉흥적이거나 일시적이다.
특히 남녀간의 사랑은 아무리 부부의 연을 맺어도 영원
성을 보장할 수 없다. 서로의 감정이 식어버리거나 신뢰
가 깨지면 언제든지 돌아설 수 있는 것이 남녀 간의 사
랑인 것이다. 하지만 부모와의 인연은 강하고 오래간다.
왜냐하면 부모의 헌신과 희생으로 시인과 모든 인간이
존재하기 때문이다. 더더욱 어려서부터 육체적 결핍에서
오는 고통을 함께 나누어온 부모에 대한 애정은 남다른
것이다.

III

김승연 시인은 약시이지만 어머니에 대한 아름다운
이미지를 가슴에 안고 살아가고 있다. 식구들의 호구지책
을 위해서 일하러 나가시는 어머니는 항상 얼굴이나 옷
맵시를 단아하게 유지하는 여인으로 시인은 표현한다. 어

머니 환하게 불을 켜고 요란스런 치장을 하는 여인이 아
니라 달빛 아래에서 분단장을 하고 시장에 나선다. 그녀
의 노동은 자식을 예쁘게 키우고자 하는 모성애의 발로
이다. 마치 어미 새의 날개 밑에서 안전을 구하는 병아리
같은 심정을 느꼈으리라. 우아한 날개를 펼치고 병아리들
을 껴안는 어머니는 참으로 따뜻하고 아름답게 보였으리
라. 시인은 어머니가 자식들을 사랑하는 마음을 배고픈
새를 대하는 그녀의 태도에서 찾고자 한다. 백사장에서
먹이를 찾아 헤매는 새를 측은지심으로 바라보는 어머니
의 모습에서 시인은 측정할 수 없는 포근함을 느낀다. 새
에 대한 측은지심이야말로 자식에 대한 어머니의 사랑을
단면적으로 보여주는 이미지이다. 시인은 어머니의 포근
한 이미지에서 커다란 모성애를 느끼지 않을 수 없었던
것이다. 그리고 그 속에서 영원히 머무르기를 기원하고자
하는 것이다.

어스름 달빛 아래
뽀얗게 분단장 하고
올망졸망 새싹들 피우고저
꽃동에 달문을 나서던
우아한 거울 속 어머니
그리워하던 내 어머니인데

모닥불 피워 오르는 백사장에
파르르 내려앉은 새 한 마리 보고
모이를 주지 못해
안타까워하던 여인

지친 날개 사르르 펼치고 날아가
당신의 포근한 품에 안기고 싶다

김승연 시인은 자신을 지금까지 낳아주고 길러주신 어머
니에 대해서 민감한 감정을 표출하고 있다. 어머니는 자
신이 먹을 것을 참아가며 자식들을 기르는 본능적인 모
성애를 지닌 존재다. 어린 때는 그런 어머니의 희생에 대
해서 감사를 표시하기 어렵다. 어쩌면 자식들은 어머니의
것은 모두 자기를 위한 것으로 생각한다. 대부분의 자식
들은 자신이 자식을 낳아서 길러봐야 그 은공을 안다. 어
머니는 제대로 식사도 못하고 과일장사하다 남은 것 중
에서 물러 터져 버려야할 것으로 배를 채우는 어머니를
기억에서 꺼내고 있다. 끼니를 물러터진 과일로 때우는
어머니의 모습이 어찌 화려했겠는가. 그러나 시인의 눈에
는 과일물로 알록달록한 어머니의 손이 무지갯빛처럼 아
름다움의 표상이 된다.

이쁘니 못나니 가리시느라 허기지신 배를
추려 낸 물랭이 서너 개로 끼니 때우시는
어머니 손은 알록달록 고운 무지갯빛이랍니다

시인의 어머니에 대한 사랑은 어려서부터 익히 보아
온 그 희생에 대한 고마움이다. 가난한 집에서 자식들을
양육하는 것은 쉽지 않다. 더더욱 어머니가 경제적인 책
임을 져야하는 경우는 힘이 더 든다. 연약한 여자의 몸으
로 생활전선에 뛰어들어 장사를 하는 어머니의 모습은
항상 남다르다. 남보다 부지런하지 않으면 그 생존경쟁에

서 살아남을 수 없기 때문이다. 특히 시장에 과일을 내다 파는 어머니는 새벽에 달빛을 맞으며 시장에 나서서 과일이 하나라도 건실할 때 팔지 않으면 안된다. 잠을 제대로 자지 못하고 움직이는 어머니의 모습이 시인의 눈에는 안쓰럽기 짝이 없다. 시인의 어머니에 대한 사랑은 어머니의 사랑이 만들어낸 인간적인 슬픔의 감정이다. 이 감정이 깊어져서 어머니에 대한 효심이 발동하는 것이다.

밤새 물렁이 또 생길세라
달방석 밟으시며 나서는 어머니가
우리 삼남매의 마음을 아리게 합니다

IV

김승연 시인은 나이가 들어 어머니의 크나큰 희생을 깨닫고 어머니에 대한 효도를 다짐하는 순간 비로소 문제를 발견한다. 효도는 그것을 받아들이고 기쁨과 보람을 느낄 대상이 존재해야 의미가 있다. 시인은 자신의 효도를 누려야할 어머니가 이미 늙었으며 자신의 죽음을 예견하는 것에 대해 충격을 받는다. 어머니는 김시인의 육체적 결핍을 보충해왔고 그 어려움을 알기에 자신의 죽음 이후의 문제에 대해 번민이 많았을 것이다. 그래서 어머니는 자신이 없다면 어떻게 시인이 살아갈 것인가 하는 가정법의 문제를 시인에게 제기한 것이다. 하지만 시인은 아직까지 어머니의 부재에 대해서 생각해본 적이 없기에 그런 가능성 자체를 부정하며 탄원한다. 조금 억

지가 되겠지만 어머니의 유한한 생명에 영원성을 부여하
고 싶어한다. 그녀는 인위적인 영원성을 통해서라도 어머
니의 품속에서 안식하고 싶고 그녀의 효도를 다하고자
하는 것이다.

> 그러나
> 내가 없으면...
> 내가 죽거든...
> 이런 말씀은 하지 말아 주세요
>
> 자식들은
> 이 세상에서 어머니의 체취를 오래도록 맡고 싶어 합니다
> 내 어머니께 효도 한번 해 본 적이 없지만
> 어머니
> 누구보다도 어머니의 품을 떠나고 싶지 않은 이 마음
> 당신께서도 너무 잘 아시겠죠

김승연 시인의 사랑은 어머니뿐만 아니라 가족 중에서
불행한 삶을 살다가 동생에게도 향한다. 사진에 대한 꿈
을 실현하지 못하고 세상을 떠난 동생이 그립고 안타깝
다. 시각장애인이 시인이 사진을 배워서 동생의 하고 싶
었던 일들을 대신하여 동생의 미완의 삶을 자신의 미력
한 힘으로라도 완성시키고 싶은 소망을 표현한다. 그래서
먼 하늘나라에서 누나의 사랑이 이루어낸 것을 지켜봐주
기를 기원한다. 이제는 세월이 흘러 동생의 모습조차 희
미해지지만 동생에 대한 애틋한 사랑만은 여전함을 전하
고 싶어 한다. 또한 먼저 떠난 동생과의 재회의 날을 있

으리라는 종교적인 신념을 키워나간다. 그러나 시인은 이
미 그녀의 시적 상상력 속에서 동생과 재회를 즐기고 있
다고 보아야할 것이다.

> 누나가 쓴 시와 함께 영상 시 전시회를 열어서
> 네가 이루지 못한 꿈을 이 누나가 대신 해줄께
> 하늘나라에서도 지켜 봐 줄거지?

> 정한아
> 꿈에서 너를 만난 날은 좋은 일이 생겼었는데...
> 이젠 네 모습이 가물가물해져 가니
> 전처럼 꿈길에서라도 만나보고 싶구나

시인은 그녀가 찍는 사진 속에서 동생의 시선을 느끼고
있다. 시간이 흐르면서 언젠가 생명이 다하는 날 천국에
서 동생과 만날 날을 상상하고 있지만 사진기의 셔터를
눌러댈 때마다 동생의 손이 함께 하고 있다는 걸 느끼리
라고 본다. 그리고 어머니에 대한 미력함에 대해 안타까
워하는 마음을 위로받고 싶어 한다. 그리고 초월적으로
동생과의 영적 협력을 통해서 어머니의 영원성을 완성시
키고자 하는 것이다.

> 정한아
> 우리 다시 만날 때가 1초씩 가까워지고 있잖니
> 그동안 삼남매를 위해 희생하신
> 엄마 건강도 지켜줄거지?

　김승연 시인은 다정다감하면서도 그녀와의 인연을 소중하게 여길 줄 아는 여인이다. 사람이 살다보면 아우들과 의견이나 성격 차이로 소원해질 수 있다. 특히 소꿉장난 치던 동무들은 크고 작은 다툼을 벌이고 싸우다가도 다시 만나 우정을 즐긴다. 김승연이 표현하듯 서운함이나 미움이 "봄볕에 살얼음 녹듯" 없어지고 마치 친형제처럼 지내는 것이 어린 시절의 친구들이다. 어쩌면 그 때가 이해타산 없이 순수하게 정을 나누던 그 시절이야말로 김승연 시인의 가장 아름다운 시절이라고 볼 수 있다. 성년이 되고 나이가 들어 인생의 희노애락에 시달리다보면 어린 시절의 우정 같은 순수성을 유지하기 어렵다. 한번 토라지면 평생 돌아서서 으르렁거리는 앙숙이 된다. 시인은 그 어린 시절의 순수성을 그대로 지니고 있지만 변해버린 아우의 감정을 돌이킬 수 없음을 한탄한다. 시인의 역할이 바로 이런 순수함의 전도사 같은 것이다. 물론 이해타산 없이 살아가는 것은 힘들지만 순수성 없는 삶의 투박함이란 견디기 힘든 것이다. 그녀가 제시하는 인간관계의 비전은 인생의 효율성이나 영악함이 아니라 마음의 순수함이 살아있는 동심적 세계인 것이다.

　　너와 나는
　　싸우며 토라졌다가도
　　봄볕에 살얼음 녹듯
　　우리 감정 사르르 풀리면

　　너와 나의 수장 다정히 포옹하며
　　빙긋이 하얀 이 드러냈었지

토닥토닥거린 만큼
우애도 깊어졌는데

이제 시인은 떠나버린 아우에게 다시 돌아오라고 손을 내민다. 친구 사이에서 이별이란 서로의 정을 나눌 수 있는 통로를 상실하게 하기 때문이다. 시인의 아우는 시인의 마음을 읽지 못하고 오해하고 떠나갔다. 그 소원의 관계를 치유할 수 있는 것은 표현하지 못했지만 본 마음을 전달하는 것이다. 그래서 김승연 시인은 손을 내밀며 "냉정히 떠나버린 너는 / 알았었니 / 내 너를 진정 사랑했었다는걸"이라고 속삭인다. 시인의 화법은 지적이거나 정치적이지 않고 유아적이거나 인간적이어야 한다. 이것이 혼탁해진 세상에게 김승연 시인이 전해주고 싶은 메시지인 것이다.